MULHERES EM AÇÃO

LIDERANÇA QUE TRANSFORMA, DIVERSIDADE QUE INSPIRA

Dados Internacionais de Catalogação na Publicação (CIP)
(Claudia Santos Costa – CRB 8ª/9050)

Silva, Michelle
Mulheres em ação : liderança que transforma, diversidade que inspira / Michelle Silva. – São Paulo : Editora Senac São Paulo, 2025.

Bibliografia.
ISBN 978-85-396-5643-1 (impresso/2025)
e-ISBN 978-85-396-5644-8 (ePub/2025)
e-ISBN 978-85-396-5645-5 (PDF/2025)

1. Mulheres – Mercado de trabalho – Aspectos sociais.
2. Carreira – Desenvolvimento. 3. Diversidade de gênero.
4. Mulheres na liderança. 5. Mulheres – Comunicação e Audiovisual. I. Título.

25-2508c CDD-305.42
BISAC BUS109000

Índice para catálogo sistemático:
1. Mulheres : Mercado de trabalho 305.42

MICHELLE SILVA

MULHERES EM AÇÃO

LIDERANÇA QUE TRANSFORMA, DIVERSIDADE QUE INSPIRA

EDITORA SENAC SÃO PAULO – SÃO PAULO – 2025

Gerente/Publisher: Luís Américo Tousi Botelho
Coordenação Editorial: Verônica Marques Pirani
Prospecção: Andreza Fernandes dos Passos de Paula
Dolores Crisci Manzano
Paloma Marques Santos
Administrativo: Marina P. Alves
Comercial: Aldair Novais Pereira
Comunicação e Eventos: Tania Mayumi Doyama Natal

Edição e Preparação de Texto: Lucia Sakurai
Coordenação de Revisão de Texto: Marcelo Nardeli
Revisão de Texto: Priscila Mota
Coordenação de Arte: Antonio Carlos De Angelis
Capa, Projeto Gráfico e Editoração Eletrônica: Veridiana Freitas
Fotografias: Yasmin Silva (p. 39), Fabiana Dombrowsky (pp. 100, 113, 114), Jordan dos Santos (p. 110), Edmilson Vitorino (pp. 111, 112), Stela Handa (pp. 116, 117).
Imagem da Capa: Adobe Stock
Impressão e Acabamento: AR Fernandez

EDITORA SENAC SÃO PAULO
Av. Engenheiro Eusébio Stevaux, 823
Prédio Editora – Jurubatuba
CEP 04696-000 – São Paulo – SP
Tel. (11) 2187-4450
editora@sp.senac.br
https://www.editorasenacsp.com.br

SUMÁRIO

À MINHA MÃE, A PRIMEIRA MULHER PROTAGONISTA DA SUA VIDA QUE CONHECI, MINHA MAIOR INSPIRAÇÃO.

AGRADECIMENTOS

Agradeço a todos que dedicaram atenção e carinho à pauta das mulheres e tornaram possível a publicação deste livro.

Sou eternamente grata à Dafne Zanoni, por acreditar na minha ideia e proporcionar todos os recursos para a realização do *Talks: mulheres no audiovisual* no Senac Lapa Scipião, que foi um marco em minha vida. Agradeço ao gerente da unidade, Wilson Krette Júnior, pela confiança no meu trabalho e pela empatia com a qual sempre me acolheu.

Às colegas do Senac Lapa Scipião, por sempre apoiarem as minhas iniciativas e me auxiliarem durante os eventos. Em especial, à Fabiana Dombrowsky, que de assistente se tornou um dos maiores presentes que o Senac poderia me oferecer, por sua amizade e apoio incondicional. Aos colegas que ajudaram no backstage do *Talks*. Destaco o apoio do meu coordenador dos cursos de audiovisual da escola, Ricardo Bechara, pela compreensão durante o processo de finalização da escrita deste livro, e a parceria do colega João Guedes, da área de empreendedorismo, sustentabilidade e inovação da unidade, que sempre me incentivou a acreditar nas minhas ideias. Ao Marcelo Machado, do negócio social Causar, pelo apoio na coleta de materiais sobre inclusão.

Ao Moacyr Vezzani Neto, gerente de desenvolvimento do setor audiovisual do Senac São Paulo, por confiar a mim a missão de escrever este livro, dando voz à minha narrativa como mulher em um mercado tão desafiador e apaixonante como o do audiovisual e comunicação. À Lígia Quintino, que auxiliou na organização das demandas, meu agradecimento com muito carinho!

À Camila Ono, coordenadora dos projetos educacionais de empreendedorismo em toda a rede do Senac São Paulo, que auxilia tantas mulheres a empreenderem as suas ideias, e que viu a potência que poderia se tornar o *Talks: mulheres no audiovisual*. À planejadora Gabriela Barbosa, pelo olhar sempre atento a cada detalhe. Um agradecimento especial à Valquiria Rizzo, gerente de projetos educacionais de empreendedorismo do Senac São Paulo que, em conjunto com a Camila, validou a ideia de escalar o *Talks* para o projeto *Mulheres no audiovisual*, e que é uma potência só por ter o propósito de ajudar outras mulheres a empreenderem e a protagonizarem as suas vidas.

Agradeço com muito carinho a disponibilidade e o apoio das mulheres que foram entrevistadas e que contribuíram para o conteúdo do livro. Por meio de suas histórias, vocês inspiram outras mulheres a acreditarem nos seus sonhos e não desistirem diante das adversidades do mercado de trabalho. Sou fã de vocês!

Um agradecimento muito especial à Renata Fiore, amiga querida e irmã de coração, a quem confiei o prefácio deste livro. Mulher que, com sua determinação e paixão pelo que faz, me inspira todos os dias.

Não poderia deixar de agradecer à Ieda Jordão, amiga de uma vida e irmã de coração, por quem tenho muita admiração, pela sua amizade e por sempre estar ao meu lado! À amiga e colega de profissão Marcele Saffi, por estar sempre presente, mesmo que à distância. Agradeço à querida Fernanda do Canto, pelo superapoio que sempre dedicou aos meus projetos. À Inez Andrade, amiga e guru para todas as horas.

Um agradecimento especial a Victor Santos, parceiro de trabalhos audiovisuais, que sempre, com muito profissionalismo e dedicação, confiou e acreditou no meu potencial e nos meus projetos autorais. Ao querido João Gati, parceiro em minhas produções, que também sempre me dedicou confiança e apoio.

Aos meus irmãos Maicol e Mariana, às minhas ancestrais e mulheres da minha família, minha avó e tias, por me ensinarem o que é ser uma mulher empoderada. Em especial, à minha mãe, Rosane: mulher guerreira, forte e com um enorme coração, que sempre foi a minha maior inspiração. É por ela e por causa dela que estou aqui, escrevendo este livro. Mãe, você é, de fato, uma mulher protagonista da sua história! Te amo.

À Aisha, minha filha de quatro patas, que sempre está comigo, companheira fiel de todas as horas, amor meu! Ao meu marido Juliano, por ser companheiro, amigo e meu amor. Parceiro de todas as horas, me deu forças e sempre me impulsionou para a realização de um grande sonho: escrever um livro. Amo você!

APRESENTAÇÃO

Falar sobre os desafios enfrentados pelas mulheres para conquistar seu espaço no mercado de trabalho é revisitar anos de história e, em particular, refletir sobre a minha própria trajetória. Lembro quanta resiliência, coragem e ousadia foi preciso ter para exercer as profissões de jornalista e publicitária em ambientes muitas vezes hostis, onde o *bullying* era constante e as melhores oportunidades eram reservadas ao sexo masculino.

Ao longo da minha passagem por redações de rádio e televisão, tanto no Brasil quanto no exterior, vivenciei o que é ser mulher em um contexto operacional majoritariamente masculino. A luta para ser ouvida, respeitada e reconhecida foi diária, mas também foi o motor para estruturar minha visão sobre o papel das mulheres na comunicação e no mercado de trabalho como um todo.

Historicamente, o mercado de trabalho e a comunicação foram moldados por vozes masculinas, enquanto as mulheres foram relegadas a papéis secundários ou de suporte. No entanto, estamos numa era de transformação. A presença feminina cresce em cargos de liderança e em áreas anteriormente dominadas por homens, trazendo não apenas diversidade, mas também inovação e uma abordagem mais humanizada para as relações profissionais e os negócios.

Este livro é um convite para a reflexão sobre os desafios, as conquistas e o vasto potencial das mulheres no mercado de trabalho, com ênfase especial na comunicação e no audiovisual. A proposta é explorar as barreiras ainda existentes, mas também inspirar com histórias de superação e estratégias práticas para alcançar o sucesso.

Aqui você encontrará dicas valiosas sobre como desenvolver sua carreira, empreender e intraempreender, assumindo o protagonismo de sua trajetória em um mercado que cresce e se reinventa constantemente. Este é um guia para mulheres que desejam não apenas ocupar espaços, mas transformar narrativas e abrir caminhos para as próximas gerações.

A cada página, espero que você acredite no seu potencial, veja as inúmeras possibilidades de crescimento e, acima de tudo, perceba que o futuro é feminino – inovador, criativo e cheio de novas oportunidades.

Bem-vinda a essa jornada transformadora!

PREFÁCIO

Conheci a Michelle há vinte anos. Nós duas, ainda meninas, jornalistas, cheias de vontade. Trabalhamos juntas pouco mais de dois anos, mas nunca perdemos contato. Ao longo desse tempo, construímos nossas carreiras e sempre nos apoiamos. Que sorte a minha tê-la por perto e poder acompanhar sua trajetória até chegar a um dos seus grandes sonhos: transformar os aprendizados em um livro.

É incrível ver seu entusiasmo e coragem para seguir com o propósito de inspirar e empoderar mulheres em suas carreiras, especialmente na comunicação e no audiovisual. Ao longo da história, o papel da mulher no mercado de trabalho tem sido marcado por desafios e muita resiliência. Desde as primeiras incursões em setores antes dominados por homens até a consolidação de lideranças femininas inspiradoras, a trajetória das mulheres no ambiente corporativo e na comunicação é uma jornada de conquistas que merece ser contada e celebrada.

Mulheres em ação: liderança que transforma, diversidade que inspira não é apenas um livro, mas um manifesto pela inclusão, equidade e protagonismo feminino. Em cada página, encontramos reflexões fundamentais sobre o mercado de trabalho, os desafios da liderança feminina e as barreiras ainda impostas àquelas que ousam trilhar caminhos pouco explorados. Mas, acima de tudo, encontramos aqui histórias de coragem, inspiração e estratégias para que mais mulheres possam ocupar os espaços que lhes pertencem.

A diversidade e a inclusão não são apenas pautas sociais; são vantagens competitivas para empresas que desejam crescer e inovar. O talento feminino agrega novas perspectivas, humaniza relações e impulsiona mudanças estruturais que beneficiam toda a sociedade. Este livro é um guia prático para mulheres que querem superar desafios, construir carreiras sólidas e bem-sucedidas, empreendendo ou intraempreendendo.

Mulheres em ação é um chamado para o "fazer acontecer". Que esta obra sirva de inspiração para todas as mulheres que – assim como eu, a Michelle e tantas outras que deram seus depoimentos – desejam transformar sua realidade e, consequentemente, o mundo ao seu redor.

Que possamos, juntas, continuar abrindo caminhos para as futuras gerações.

Renata Fiore

Head de marketing, marca,
comunicação corporativa e reputação

MULHE

MULHERES IMPULSIONAM OUTRAS MULHERES!

IMPULS

OUTRAS

MULHE

CAPÍTULO 1

O PAPEL DAS MULHERES NO MERCADO DE TRABALHO

Quantas vezes uma mulher entra em uma sala e é a única ali? O caminho para a equidade de gênero no mercado de trabalho ainda é longo, mas cada passo dado é um avanço para transformar essa realidade. Diversidade não é apenas um discurso – é uma necessidade para inovação, crescimento e justiça. Você está pronto para fazer parte dessa mudança?

Quando se fala da mulher no mercado de trabalho, suas necessidades, seus anseios e obstáculos são compartilhados, independentemente do segmento do mercado, seja na comunicação, no audiovisual ou no mundo corporativo em geral.

Ao longo dos anos, enquanto acumulava experiências em diferentes lugares, comecei a observar um padrão que se repetia: ainda que houvesse mulheres em posições de responsabilidade, especialmente em funções organizacionais importantes, era evidente que, nas grandes decisões – aquelas que definiam resultados econômicos ou estratégicos para as empresas –, a validação masculina era quase sempre necessária. Esse viés não era explícito, mas estava enraizado na cultura organizacional, e mesmo quando as mulheres assumiam papéis de liderança, precisavam constantemente provar sua competência para obter o mesmo nível de confiança que os homens recebiam automaticamente.

A estrutura do mercado de trabalho, historicamente moldada por e para homens, ainda coloca as mulheres em uma posição em que elas precisam lutar duas vezes mais para conquistar o mesmo espaço e reconhecimento. Não basta ocupar lugares no mercado de trabalho. É preciso transformar esses espaços para que as mulheres sejam vistas e valorizadas como protagonistas, especialmente em áreas que exigem liderança e visão estratégica.

Este capítulo explora a trajetória das mulheres no ambiente profissional, revelando os desafios persistentes, como a sobrecarga entre carreira e vida pessoal e a baixa representatividade em posições de liderança. Além disso, mostra como a cultura organizacional exige que as mulheres enfrentem barreiras invisíveis para alcançar reconhecimento.

Mas o que podemos fazer para transformar esse cenário? Será que apenas boas intenções e discursos sobre diversidade são suficientes para mudar a realidade das empresas? Se a competência e o talento são iguais, por que as mulheres ainda ganham menos que os homens?

Aqui, discutiremos a importância de políticas corporativas eficazes, do fortalecimento da liderança feminina e das estratégias necessárias para garantir um ambiente de trabalho mais equitativo e inclusivo.

LIDERANÇA FEMININA: POR QUE AINDA SOMOS MINORIA?

A disparidade salarial entre homens e mulheres continua sendo um dos principais entraves para a liderança feminina no mercado de trabalho. Essa desigualdade não apenas reflete a desvalorização histórica das mulheres, mas também perpetua barreiras estruturais que dificultam seu acesso a cargos de decisão, reforçando a concentração do poder masculino nas organizações. Embora campanhas de igualdade sejam realizadas pelo mundo inteiro e empresas invistam cada vez mais em programas de diversidade e inclusão (DI), os avanços no debate sobre a equidade de gênero ainda estão muito lentos. As mulheres ainda enfrentam muitas barreiras estruturais que limitam a sua autonomia financeira. Segundo dados da Organização Internacional do Trabalho (OIT), agência especializada da Organização das Nações Unidas (ONU), que formula e aplica normas internacionais do trabalho, as mulheres ganham, em média, 20% menos que os homens em posições de liderança em diversas partes do mundo. Isso é conhecido como *gender pay gap* (lacuna salarial de gênero), e grande parte desse percentual tem a ver com questões estruturais. Pelo que os estudos indicam, essa realidade está longe de mudar. Especialistas alertam que a equidade salarial global pode levar mais de 130 anos para ser atingida. Na Europa, já foram realizados grandes avanços em políticas públicas de igualdade de gênero, mas países como a Alemanha ainda apresentam uma diferença salarial de 18% entre homem e mulher. Na América Latina, essa diferença está em 15%, com desafios relacionados à informalidade do trabalho e à concentração das mulheres em cargos de baixa remuneração, como serviços domésticos.

Quando olhamos para o cenário do que acontece no Brasil, de acordo com dados da terceira edição do estudo *Estatísticas de gênero – Indicadores sociais das mulheres no Brasil* (IBGE, 2024), mulheres em cargos de liderança recebem, em média, apenas 78% do salário de homens na mesma função. Em 2022, enquanto os homens ganhavam R$ 8.378, as mulheres recebiam R$ 6.600. Apesar de ocuparem 39,3% dos postos de liderança no país, essa diferença salarial evidencia como a desigualdade de gênero ainda é profundamente enraizada nas estruturas organizacionais.

Embora os números mostrem uma tímida melhora ao longo dos anos, a liderança feminina permanece sub-representada. As mulheres são maioria em cargos de coordenação apenas em áreas como educação (69,4%), saúde humana e serviços sociais (70%), setores tradicionalmente associados ao papel de cuidado atribuído às mulheres ao longo da história. Vanessa Gil, psicóloga organizacional e doutora em ciências do cuidado em saúde, destaca como as profissões de cuidado, historicamente designadas às mulheres, são distantes de uma liderança estratégica:

> Há uma inquietante desigualdade organizacional entre os gêneros. Empresas que buscam superar o machismo social no mundo do trabalho começam a avaliar homens e mulheres com base em competências e habilidades para liderança. Critérios como formação, experiências e resultados tornam-se essenciais para uma reparação histórica no mundo do trabalho. Ainda assim, precisamos lembrar que, até meados do século XX, as mulheres estavam restritas a funções de cuidado, e apenas nos anos 2000 as discussões sobre desigualdade salarial começaram a ganhar espaço.
>
> ●●● VANESSA GIL

Essa desigualdade não afeta apenas a remuneração, mas também reforça um ciclo de exclusão nos espaços de liderança. Sem visibilidade e valorização adequadas, as mulheres enfrentam dificuldades para acessar os mesmos recursos e oportunidades que seus pares masculinos e, quando conseguem, ainda precisam superar o viés de que são menos aptas a liderar, mesmo quando apresentam as mesmas – ou até melhores – qualificações.

A questão da equidade de gênero em cargos de liderança continua sendo um desafio, como ressalta a executiva Vânia Cruz em sua experiência profissional no mundo corporativo. Ao ser questionada sobre a promoção de oportunidades iguais para mulheres e homens em posições de liderança, ela compartilha uma visão que é reflexo da realidade de muitas mulheres: o esforço feminino para alcançar e manter uma posição de liderança é, frequentemente, muito maior do que o exigido dos homens. Apesar de já ter entregado ótimos resultados em outras empresas, Vânia observa que as mulheres ainda enfrentam uma barreira estrutural que impede que seus esforços sejam reconhecidos da mesma forma que os dos seus colegas homens:

> O que sempre observei em minha carreira é que o esforço feminino para alcançar e manter a posição de liderança deve ser muito maior que o dos homens. Já obtive resultados incríveis sem ter o mesmo retorno que os homens, que foram reconhecidos tanto verbal, quanto financeiramente.
>
> ●●● VÂNIA CRUZ

Esse relato expõe uma das grandes dificuldades enfrentadas por mulheres em suas trajetórias profissionais. Mesmo quando se destacam e entregam resultados relevantes, o reconhecimento – seja em forma de feedback positivo ou compensação financeira – muitas vezes não está à altura de suas contribuições. O ambiente corporativo, como o conhecemos hoje, carrega as marcas de um sistema construído historicamente por homens e para homens. Essa estrutura ainda impõe desafios significativos às mulheres que buscam crescer e se estabelecer em suas carreiras.

> Na verdade, não considero haver um acordo de equidade se tudo começa nas oportunidades abertas. Se não há possibilidade de oportunizar espaço às mulheres nessa posição de técnica e de trabalho criativo, não será possível gerar equidade; sabemos que quando isso acontece, as mulheres precisam se preparar e se desenvolver com maior esforço e tempo para demonstrarem que são competentes nessas áreas. Permitir maior abertura de estágios e programas internos de desenvolvimento criativo são possibilidades de superar essa baixa presença.
>
> ••• VANESSA GIL

Isso acontece em diversos setores do mercado de trabalho. A jornalista Joyce Ribeiro, apresentadora de TV em São Paulo, falou sobre o impacto dessa herança estrutural e cultural no progresso feminino quando o assunto é profissão e carreira. Ela ressalta como as mulheres enfrentam dificuldades adicionais para demonstrar suas habilidades e romper padrões de comportamento:

> A luta por equidade é um processo contínuo, no qual as mulheres precisam reafirmar, todos os dias, sua competência e preparo para ocupar cargos de gestão e liderança. As mulheres mostram diariamente suas habilidades e competência para desempenhar todas as funções. Seja um cargo de diretoria, seja algum cargo de gestão. Isso não acontece da forma mais rápida e acelerada como gostaríamos.
>
> ••• JOYCE RIBEIRO

De acordo com um levantamento realizado pelo Governo Federal (1º Relatório de Transparência Salarial, de 2024), as mulheres brasileiras recebem 19,4% menos que os homens (Mulheres [...], 2024). Em cargos de liderança, a diferença chega a ser de 25,2%. E quando se cita a diferença salarial por raça, as mulheres negras estão em menor número no mercado, representando apenas 16,9% do total.

FIGURA 1.1 – REMUNERAÇÃO MÉDIA E SALÁRIO MÉDIO DE ADMISSÃO, POR SEXO, ETNIA E RAÇA NO BRASIL EM 2022

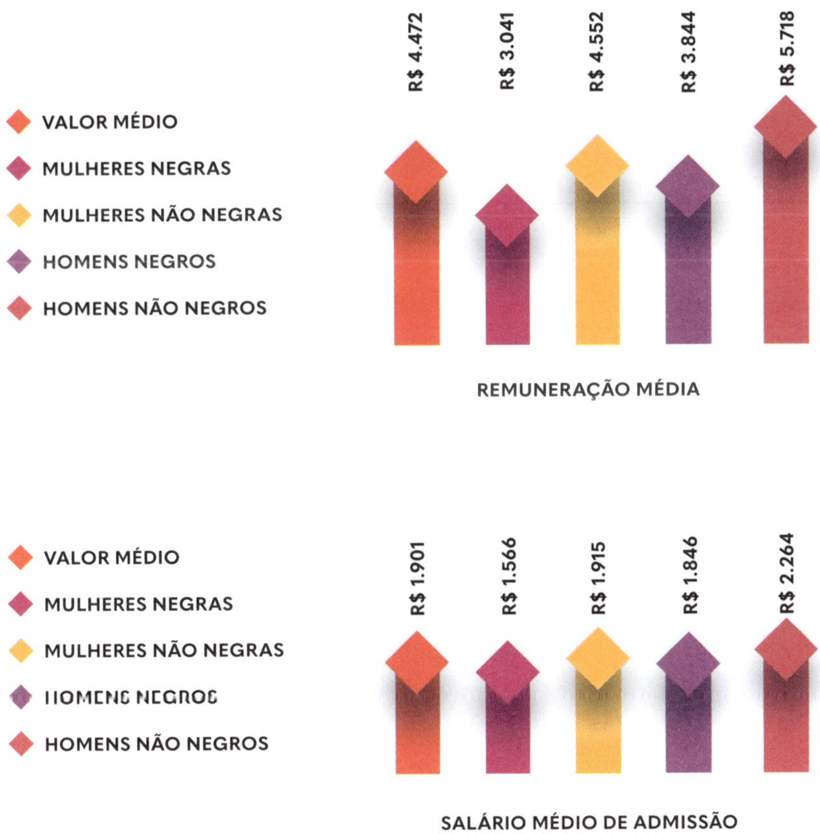

Fonte: adaptado de eSocial (2024?).

> A questão da equidade nos cargos é um desafio imenso para nós, mulheres negras que desejamos outras colocações no mercado de trabalho. Não vejo outra maneira para mudança que não passe pela educação. Só que estamos falando da dificuldade que isso representa no nosso país: acessar uma boa educação, uma boa formação, para atingir esses cargos. Então, eu vejo que a nossa demanda social, para todos nós (homens, mulheres, profissionais mais jovens ou mais velhos), é entender a necessidade de transmissão de conhecimento e o valor das oportunidades para que a gente viva uma sociedade, finalmente, com mais chances compartilhadas e acessadas por todos. Enquanto isso não acontecer, teremos mais problemas, mais exclusão no mercado de trabalho e essa presença baixíssima de mulheres, da diversidade, nos postos de liderança.
>
> ••• JOYCE RIBEIRO

O cálculo foi feito com base em números de quase 50 mil empresas. Ainda segundo o estudo, apenas 32,6% das empresas pesquisadas têm políticas de incentivo à contratação de mulheres. A pesquisa confirma a desigualdade de gênero entre homens e mulheres em empresas do setor privado com mais de 100 colaboradores. Esses números mostram que ainda estamos andando muito lentamente até um ideal de equidade salarial e de oportunidades.

Andrea Mendes e Carla Garcia falam sobre as barreiras que dificultam o desenvolvimento de carreira no meio organizacional para mulheres, e chamam a atenção para programas de diversidade em algumas empresas, nas quais muitas vezes não são efetivos:

> Embora seja um movimento positivo, que busca valorizar as pessoas e oferecer paridade, pode-se supor que as empresas investem nesses programas com interesses secundários – como manter a sua competitividade ao mostrar-se socialmente preocupada – no entanto, sem realmente o ser em sua essência, porque ainda não existem iniciativas de equiparação salarial nesses movimentos, por

exemplo. Dessa forma, mesmo com a existência de campanhas e programas voltados para a diversidade, ainda se percebem muitos obstáculos que permanecem operantes nas empresas, pois nem sempre os funcionários ou os líderes mudam a visão em relação à mulher, como mostram as estatísticas sobre disparidade salarial entre os gêneros (Mendes; Garcia, 2019, p. 105).

COMO POLÍTICAS CORPORATIVAS PODEM FAZER A DIFERENÇA NA CARREIRA

Quando as mulheres têm a caneta na mão, as decisões ganham novas perspectivas. Políticas corporativas inclusivas não são apenas sobre igualdade, mas sobre transformar o mercado com liderança estratégica feminina. Está na hora de abrir mais espaços para elas onde as grandes decisões acontecem e, dessa forma, promover mudanças verdadeiras.

De acordo com uma pesquisa divulgada pelo International Workplace Group (IWG, 2023), é fundamental que as empresas permitam que as mulheres tenham um horário híbrido flexível. Esse formato não deixa de ser uma ação de equidade de gênero das mulheres no mercado de trabalho. No mundo globalizado e altamente competitivo de hoje, onde as decisões precisam ser tomadas de forma cada vez mais rápida e assertiva, oferecer a opção de trabalho híbrido torna a empresa mais atrativa e, para as mulheres, é ideal por oferecer flexibilidade e equilíbrio entre a vida pessoal e profissional. Pode ser considerado um benefício e talvez um caminho de equiparação para oportunidades, visto que as mulheres se sentem mais tranquilas e seguras. Para as organizações, é o caminho para implementar a diversidade de gênero e de inclusão à sua política de trabalho.

Segundo Cecília Machado (2018), 48% das mulheres ficam desempregadas no primeiro ano após o parto. A pesquisa foi realizada com mulheres entre 25 e 35 anos, e mostra que a atividade de cuidado – que não deixa de ser um trabalho não remunerado – acaba sendo vista com preconceito por muitas empresas. Estudos realizados por especialistas mostram que esse esforço invisível movimenta cerca de US$ 10,8 trilhões de dólares por ano em todo o mundo. No Brasil, as mulheres dedicam, em média, 10 horas a mais por semana do que os homens em tarefas domésticas e cuidados, mesmo aquelas que possuem empregos formais. Esse cenário sobrecarrega as mulheres e reforça a desigualdade de gênero no mercado de trabalho.

A adoção de políticas corporativas de parentalidade* é fundamental para garantir melhor qualidade de vida às mulheres que enfrentam os desafios da maternidade. Práticas como trabalho híbrido e flexibilidade de horários fazem com que as mães consigam trabalhar de forma sustentável, com maior produtividade e entrega de resultados. No relato de Renata Fiore, gerente de comunicação de uma empresa do segmento de alimentos, é importante que as políticas existam de fato, e não estejam só no papel:

---

* Políticas de parentalidade são ações realizadas pelas empresas que visam oferecer suporte aos colaboradores que são mães ou pais. Geralmente, fazem parte de programas de diversidade e inclusão (DI) nas organizações.

> Quem é mãe tem uma necessidade um pouco diferente no sentido de dar apoio e suporte (...). Eu tive o Dudu e voltei após seis meses de licença com a energia lá em cima, de fazer acontecer e realizar. (...) Foi quando ocorreu a possibilidade de estar [em casa] duas vezes por semana. Eu estava trabalhando em casa (...) e vi o Dudu, que tinha 10 meses, dar os seus primeiros passos. Então, eu tive a felicidade de presenciar aquele momento, pois sempre me preocupei por trabalhar fora o tempo todo e não ver o meu filho crescer. Aí você se pergunta: qual o valor disso? É inestimável! Dessa forma, com certeza eu me dedico muito mais ao trabalho, e sou muito mais comprometida porque também tenho respaldo da empresa. Então, é algo superimportante, não basta ter uma política de acolhimento à mulher, tem que acontecer na prática.
>
> ••• RENATA FIORE

Não importa a área em que as mulheres estejam inseridas no mercado de trabalho, todas passam por questões e desafios diários muito semelhantes. No relato de Juliana Lira, produtora executiva e diretora da Lira Filmes, a família sempre foi a sua maior motivação para enfrentar a os desafios na carreira:

> O equilíbrio nunca foi fácil. Já chorei incontáveis vezes por estar longe dos meus filhos em momentos importantes, como aniversários ou quando precisavam de mim. Muitas vezes não me recordo de detalhes da infância deles, porque estava focada em projetos. Porém, sempre priorizei momentos cruciais, como apresentações escolares e reuniões de pais, e fiz o possível para estar presente. Comecei minha vida de mãe muito cedo, aos 17 anos, e minha vida profissional aos 20, o que significa que ambas as trajetórias sempre estiveram entrelaçadas. Meus filhos muitas vezes me acompanhavam em filmagens, sendo testemunhas e parte do que eu construía. Hoje, com eles já adultos – 30, 29, 23 e 21 anos – e com um neto de 10 anos, olho para trás com orgulho, sabendo que, apesar dos desafios, minha trajetória inspirou

> minha família e mostrou que é possível conciliar maternidade e carreira, mesmo quando parece impossível.
>
> ●●● JULIANA LIRA

No livro *Gestão de pessoas: práticas de gestão da diversidade nas organizações* (2019), as autoras Andrea Mendes e Carla Garcia (2019, p. 107) reforçam a importância do desenvolvimento de políticas organizacionais que incentivem e ofereçam suporte aos pais no acompanhamento das crianças quando precisam ser levadas ao médico:

> O desenvolvimento de políticas que garantam a igualdade neste tipo de ausência poderá ajudar positivamente as mulheres em seus trabalhos, pois essas não precisarão se ausentar 100% das vezes em que os filhos precisarem de suporte presencial.

Segundo estudo do Ministério do Trabalho sobre políticas de incentivo à diversidade (IBGE, 2024), ainda são poucas as empresas que adotam políticas de flexibilização do regime de trabalho. No caso das mulheres, apenas 17%, e 7% em relação à licença-maternidade/paternidade estendida. Para Joyce Ribeiro, conseguir conciliar todas as demandas da vida pessoal e profissional acaba sendo uma tarefa bastante difícil para mulheres que carregam um peso adicional por conta da rotina com a maternidade.

> Acredito que não existe fórmula pronta, cada um tem um modelo que vai levar a um dia a dia mais harmônico. Hoje vivemos em uma sociedade que cada vez mais cobra, cada vez mais exige, cada vez mais demanda do nosso pensamento rapidez e habilidades físicas também. O equilíbrio e a leveza são fundamentais para a gente conseguir se preservar e fazer da melhor forma possível aquilo que desejamos, que é trabalhar com excelência, cuidar da família e da saúde. Uma coisa depende da outra.
>
> ●●● JOYCE RIBEIRO

Depois de refletir e compreender os padrões que nos cercam, é inegável considerar que as mulheres estão inseridas em culturas originalmente idealizadas e projetadas por homens e para homens. Isso afeta desde a ocupação de espaços públicos e privados até a forma como o potencial feminino é percebido e reconhecido. É o que a artista e psicóloga Babi Xavier ressalta em sua fala em relação a um sistema que não apenas reforça desigualdades, mas também dificulta a plena participação e liderança das mulheres em todos os âmbitos.

> Temos que trabalhar o medo, o sentimento de não pertencimento, (...) de impostoras, para sermos de fato (...) líderes no que quisermos, no que desejarmos alcançar. Penso que é um mistério nós sofrermos apuros ainda com tantas desigualdades que perduram pelo século XXI, visto que, em maioria, os lares são erguidos e mantidos por mulheres: mães solo e a parte feminina da família (...). Ainda estamos, nós mesmas, precisando de uma refação na educação das crianças. Por que tratamos de forma distinta meninos e meninas quanto ao toque físico, aos acessos dos espaços, às preferências das brincadeiras? Mães, avós, tias, tutoras legais, instituições de cuidados das menores, todas nós devemos fazer sistematicamente um trabalho feminista que nos organize em inclusão e equidade.
>
> ••• BABI XAVIER

No livro *Faça acontecer* (2013), Sandberg reflete sobre o pressuposto de que, para muitos homens, é fundamental ter uma vida profissional de sucesso e uma vida pessoal completa. No entanto, para as mulheres, ter as duas coisas é muito difícil ou impossível:

> As mulheres vivem cercadas por manchetes e notícias alertando que não podem se dedicar às duas coisas, à família e carreira. Ouvem incessantemente que precisam escolher, pois, se tentarem fazer demais, ficarão esgotadas e infelizes. Pôr a questão em termos de "equilíbrio trabalho / vida" – como se fossem diametralmente

opostos – é quase uma garantia de que o trabalho vai sair perdendo. Quem escolheria em detrimento da vida? A boa notícia é que as mulheres não só podem ter família e carreira, como também ser bem-sucedidas nisso (Sandberg, 2013, p. 39).

INVESTINDO NO FUTURO: CAPACITAÇÃO PROFISSIONAL E O CAMINHO PARA O SUCESSO

Qualificação não é um diferencial, é uma forma de desenvolver competências que proporcionem um cargo de liderança. Quando as mulheres têm acesso a cursos de capacitação, elas não apenas se tornam aptas a ocupar espaços como também podem se tornar mais competitivas no ambiente de trabalho, e as empresas que se dispõem a oferecer treinamentos às mulheres tornam seu ambiente de trabalho mais inclusivo e empático.

Embora existam avanços em algumas políticas empresariais e em programas de inclusão, ainda há barreiras estruturais, como a disparidade salarial, a sub-representação em cargos de liderança e os desafios de equilibrar múltiplas responsabilidades que são repassadas para as mulheres como se fossem herança natural. É aí que a capacitação surge como uma ferramenta essencial para fortalecer a confiança, desenvolver as competências e, com isso, abrir portas para oportunidades. O impacto de se desenvolver profissionalmente, sempre honrando a sua história e dando valor à sua jornada de construção da carreira, vai muito além na vida de cada mulher. Empresas que promovem o desenvolvimento de suas colaboradoras e valorizam o potencial feminino colhem benefícios como aumento na inovação, melhoria no ambiente de trabalho e maior competitividade. É como uma educação contínua, que ajuda na construção de um futuro mais justo e inclusivo. Afinal, ao capacitarmos mulheres, capacitamos a sociedade como um todo.

Para Márcia Aldigueri, líder em transformação de negócios e desenvolvimento de equipes, investir em programas de capacitação, praticar o autoconhecimento e desenvolver potencialidades são algumas soluções para quem busca potencializar a carreira.

> Capacitação comportamental e técnica são fundamentais. Treinamentos que ajudam as mulheres a superar crenças limitantes e contar com mentoras experientes podem acelerar o amadurecimento e reduzir o estresse. Além disso, investir no desenvolvimento de competências técnicas fortalece a confiança para liderar com excelência.
>
> ••• MÁRCIA ALDIGUERI

Uma das ações ligadas a políticas corporativas que pode auxiliar a área de gestão a potencializar as competências femininas nas empresas é a elaboração de um plano de competências.

> Assim, quando a empresa define quais serão as competências adequadas para o desenvolvimento de uma atividade no ambiente corporativo, ela poderá evitar que a questão do gênero seja um dos quesitos mandatórios para contratar ou não um profissional, focando somente na capacidade e no desempenho necessários para aquela função (Mendes; Garcia, 2019, p. 106).

Nas últimas décadas, embora venha aumentando o número de mulheres atuando como protagonistas em busca de capacitações, treinamentos e outras ações de desenvolvimento de competências, muitas ainda enfrentam uma trava interna que compromete o seu sucesso na carreira: a autossabotagem. É comum surgir um sentimento de insegurança e dúvidas sobre sua capacidade de exercer plenamente suas funções, especialmente em ambientes de trabalho competitivos ou dominados por homens. De acordo com alguns dos relatos vistos até aqui, isso não deixa de ser consequência das estruturas que até pouco tempo não aceitavam que mulheres exercessem certas profissões e, com isso, descredibilizavam as mulheres como potências no mundo do trabalho.

Algumas ações que podem indicar autossabotagem são:

- procrastinar;
- sentir-se inferior;
- ter medo de falhar;
- culpar-se constantemente;
- autocriticar-se excessivamente;
- resistir a mudanças;
- negligenciar o autocuidado.

Não existe um estudo conclusivo sobre o tema, porém, observa-se que é algo mais comum no gênero feminino, o que se deve a aspectos sociais, seja por conta de as mulheres terem ingressado mais tarde no mercado de trabalho ou por sofrerem desigualdade competitiva, assuntos que permeiam este capítulo. Conquistar a autoconfiança não é algo tão simples para muitas mulheres, mas em conjunto com cursos de qualificação profissional, também existem literaturas como a de Sheryl Sandberg, que buscam mostrar de que formas as mulheres podem aumentar a sua autoconfiança sem se apegar a modelos inatingíveis.

Veja algumas dicas de Sandberg para mulheres desenvolverem autoconfiança, independentemente do segmento de mercado:

Sua voz importa

Muitas mulheres acabam subestimando suas próprias habilidades e, por isso, se afastam de oportunidades de destaque. Não se limite! Participe ativamente de discussões e decisões.

Se tiver um companheiro, que seja de fato parceiro

Compartilhe igualmente as responsabilidades, tanto no trabalho quanto em casa. Uma parceria equilibrada permite que as mulheres sigam suas ambições sem carregar sozinhas o peso da culpa ou da sobrecarga.

ALERTA: não se afaste antes do necessário

Uma armadilha comum é se afastar de oportunidades profissionais por antecipação, por acreditar que não dará conta. Mantenha-se focada. Não se sabote antes do tempo!

Se você conseguir pôr em prática algumas das sugestões acima, já estará no caminho para construir uma carreira sólida e próspera!

MULHERES MÃOS À OBRA:

Um case de resiliência e determinação

Ao falar sobre a conquista da autoconfiança, cito um exemplo de muita determinação e esperança por um mundo com mais oportunidades. Em um ambiente de trabalho onde a representatividade feminina é quase zero, uma mulher na região metropolitana de Porto Alegre, no Rio Grande do Sul, está fazendo a diferença mostrando que lugar de mulher é onde ela quiser.

Bia Kern é empreendedora social e fundadora do Instituto Mulher em Construção (IMEC), que tem o objetivo de promover a inclusão de trabalhadoras periféricas no mercado da construção civil, incentivando a autonomia financeira e o empoderamento de quem enfrenta situações de vulnerabilidade social e violência doméstica. O instituto, criado a partir de um projeto piloto implementado em 2006, já capacitou mais de 7 mil mulheres por meio de formação profissional e desenvolvimento pessoal. Elas conquistam habilidades técnicas em elétrica, hidráulica, pintura e assentamento de pisos. Além disso, o IMEC oferece uma rede de apoio para que essas mulheres se reintegrem à sociedade com autoconfiança e determinação.

Bia Kern, empreendedora social e fundadora do Instituto Mulher em Construção (IMEC).
Crédito: Yasmin Silva.

> As redes de apoio, coletivos femininos e programas de mentoria desempenham um papel fundamental no impulso da carreira das mulheres em diversas áreas. Eles não apenas promovem um ambiente de sororidade, em que se apoiam mutuamente, como também incentivam a troca de experiências e conhecimentos. Além disso, é essencial que os homens se unam a essa causa, contribuindo para a construção de um espaço mais igualitário e colaborativo. Juntos, podemos transformar a cultura e criar oportunidades que beneficiem a todos, promovendo um novo olhar sobre a importância da diversidade e da inclusão no mercado de trabalho.
>
> ●●● BIA KERN

Para muitas das alunas do IMEC, o canteiro de obras de tornou mais do que um local de trabalho. É uma oportunidade para as mulheres conquistarem a liberdade financeira e uma chance de romper o ciclo da violência e reescrever sua história com autonomia e dignidade.

Arrematando as ideias

Ao longo deste capítulo, delineamos os desafios estruturais que ainda permeiam a trajetória feminina no mercado de trabalho, especialmente em setores historicamente dominados por homens, como o audiovisual e a comunicação. A equidade de gênero no ambiente corporativo ainda é um objetivo distante, mas as mulheres têm mostrado resiliência e competência para transformar esse cenário. Embora muitas empresas já estejam adotando programas de diversidade e inclusão, a diferença salarial persiste, e a previsão é de que levará mais de um século para ser completamente erradicada. Além disso, mulheres negras e mães enfrentam barreiras ainda maiores, o que reforça a necessidade de políticas corporativas eficazes que promovam flexibilidade, valorização e igualdade de oportunidades. Diante desses desafios, fica a reflexão:

O que podemos fazer hoje para acelerar essa transformação e garantir que as próximas gerações encontrem um mercado de trabalho mais justo, diverso e inclusivo?

Podemos sugerir o incentivo contínuo ao desenvolvimento profissional e à luta por equidade, além de políticas corporativas eficientes, que permitam o estabelecimento de flexibilidade, valorização e provisão de oportunidades.

Essa reflexão mostra que, embora tenhamos avançado ao longo das últimas décadas, a luta pela equidade no mercado de trabalho é coletiva. As mulheres precisam continuar desafiando esses padrões, tanto para si mesmas quanto para as gerações futuras, a fim de garantir que o acesso a cargos de liderança e de tomada de decisão sejam direitos, não privilégios.

QUANDO AS MULHERES SE TORNAM LÍDERES, NÃO SÓ TRANSFORMAM OS ESPAÇOS EM QUE TRABALHAM, MAS TAMBÉM ABREM O CAMINHO PARA OUTRAS MULHERES

CAPÍTULO 2

DIVERSIDADE E INCLUSÃO NO MUNDO DO TRABALHO: UMA VANTAGEM COMPETITIVA

Há mais de vinte anos, nem se falava sobre diversidade e inclusão. As pessoas do mundo organizacional não tinham ainda consciência nem as informações necessárias para começar a construção de uma nova forma de pensar e agir. Se naquela época as emissoras de TV tivessem esse olhar sobre as mulheres e a diversidade de gênero, será que as profissionais poderiam ter escalado de forma mais rápida em suas carreiras, sem tantos obstáculos? Sem o bullying *mascarado por brincadeiras (e outras vezes, de forma séria), será que eu e muitas outras mulheres poderíamos ter desenvolvido a autoconfiança de forma mais espontânea?*

A diversidade nas empresas, que antes era vista apenas como uma característica diferenciada ou um gesto de boa vontade, hoje se consolida como um dos pilares da vantagem competitiva. Mas quais são os benefícios para as empresas? E por que ainda não se vê uma aplicabilidade real de ações inclusivas? O que precisa ser feito para aumentar a representatividade feminina nas empresas? Essas são algumas questões que serão trazidas neste capítulo.

Embora o espaço oferecido para esse tema seja muito recente, acredito que possamos refletir juntos sobre quais seriam as possíveis soluções.

EQUIDADE DE GÊNERO IMPORTA!

Estudos e práticas de mercado já comprovaram que times diversos promovem inovação, agregam diferentes perspectivas e possibilitam soluções mais criativas para os desafios organizacionais. Além disso, empresas que abraçam a pluralidade de ideias, culturas e experiências tendem a alcançar melhores resultados financeiros e a se posicionar de maneira mais sólida em um mercado cada vez mais dinâmico e globalizado.

A inclusão deixou de ser apenas um conceito socialmente responsável e se tornou um parâmetro essencial para o sucesso empresarial. Márcia Aldigueri, que já atuou como gestora em empresas de grande porte no Brasil, acredita que com o tempo, diversidade de gênero pode vir a se tornar uma vantagem estratégica nas empresas:

> Acredito muito na diversidade de comportamentos, ideias, pontos de vista e experiências. E assim, essa diversidade com ângulos complementares, tendo clara a visão de onde se quer chegar, é um supercatalisador estratégico nas empresas. Ou

> seja, pessoas que se complementam, que se escutam genuinamente, que se comunicam com clareza e fluidez, que trocam experiências e que, assim, constroem pontes e resultados.
>
> ●●● MÁRCIA ALDIGUERI

Promover equidade de gênero e inclusão coloca empresas e setores à frente de seus concorrentes, permitindo que alcancem níveis superiores de inovação e desempenho.

> Acredito que a diversidade é fundamental, pois os perfis podem se complementar. Em minha visão, não há melhor ou pior, apenas formas de lidar que são intrínsecas ao gênero e podem proporcionar um equilíbrio no ambiente e nos resultados.
>
> ●●● VÂNIA CRUZ

Segundo o relatório *Delivering through diversity* (Entregando através da diversidade), a diversidade étnica, cultural e de gênero, com foco nas equipes executivas, continua correlacionada à performance financeira em vários países do mundo (Hunt *et al.*, 2018b). O estudo constatou que as empresas mais diversificadas conseguem atrair melhores talentos, aumentam o foco no cliente, a satisfação dos colaboradores e, como consequência, melhoram consideravelmente a assertividade da tomada de decisões.

FIGURA 2.1 – PORCENTAGEM MÉDIA DE MULHERES E DE DIVERSIDADE ÉTNICA EM EQUIPES EXECUTIVAS ENTRE 2018 E 2023

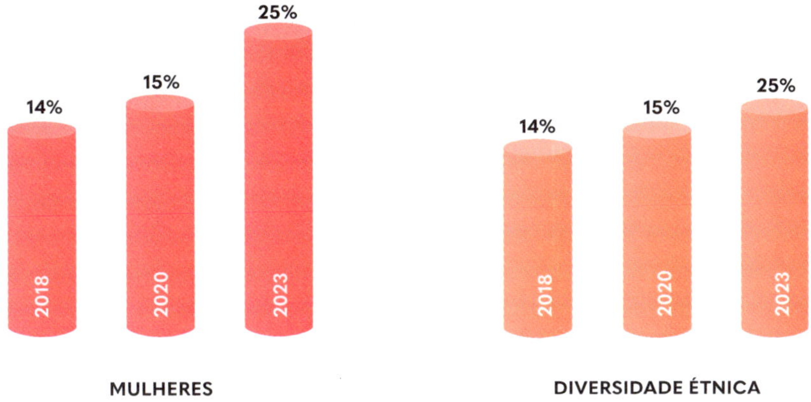

Fonte: adaptado de Hunt *et al.* (2023).

No entanto, ao mesmo tempo que muitas empresas são capazes de enxergar os benefícios de uma equipe diversa, muitas outras organizações – com olhar para a liderança – não conseguem priorizar seus planos de ação e assegurar que inclusão e diversidade sejam fatores impulsionadores do crescimento. Líderes em diversidade trazem novas perspectivas sobre como elaborar uma estratégia eficaz. Veja a seguir as iniciativas fundamentais para diminuir as lacunas de gênero, para que as empresas consigam aplicar políticas de diversidade e inclusão:

FIGURA 2.2 – IMPERATIVOS PARA QUE HAJA CRESCIMENTO INCLUSIVO

01 COMPROMETER-SE E DISSEMINAR O COMPROMISSO

- VISÃO CONVINCENTE DO CEO
- RESPONSABILIDADE DA DIRETORIA

02 VINCULAR INCLUSÃO E DIVERSIDADE À ESTRATÉGIA DE CRESCIMENTO

- ALAVANCAS DE VALOR
- MIX DE DIVERSIDADE
- DADOS E ANALYTICS

03 CRIAR UM PORTFÓLIO DE INICIATIVAS

- INICIATIVAS PRIORIZADAS
- CULTURA INCLUSIVA
- MÉTRICAS E MONITORAMENTO

04 ADAPTAR-SE PARA MAXIMIZAR O IMPACTO

- ADAPTAÇÃO LOCAL
- COLABORAÇÃO ENTRE SETORES

Fonte: adaptado de Hunt *et al.* (2023).

Articular e disseminar o compromisso do CEO

O comprometimento com a inclusão e a diversidade é responsabilidade da liderança, pois são os líderes que disseminam esse compromisso por toda a empresa, estimulam os demais gestores a seguirem o exemplo, são guardiões da implementação das práticas de diversidade e inclusão (DI), e garantem que todas as iniciativas sejam apoiadas pela diretoria.

Vincular inclusão e diversidade à estratégia de crescimento

Nesse sentido, destaca-se a realização de pesquisas internas para identificar as estratégias mais eficazes para apoiar as prioridades de crescimento dos negócios da empresa. Por exemplo: atrair e reter os talentos ideais e aprimorar a capacidade de tomada de decisão, além de procurar identificar a combinação ideal de características inerentes (como etnia) e adquiridas (como educação e experiência).

Criar um portfólio de iniciativas para transformar a organização

Empresas líderes reconhecem a necessidade da construção de uma cultura organizacional inclusiva e asseguram que as iniciativas tenham alinhamento com a estratégia geral da empresa. Com isso, criam programas que façam sentido entre colaboradores e stakeholders.*

Ajustar a estratégia para aumentar o impacto local

As empresas mais bem-sucedidas e as que estão em um acelerado processo de evolução entendem a importância de ajustar suas estratégias de acordo com cada área do negócio, região e contexto sociocultural.

O estudo *Getting to equal*, realizado pela Accenture (2019), revelou que a cultura da equidade não apenas promove um ambiente mais saudável, mas também impulsiona a inovação nas organizações. Quando um ambiente é fortalecido por um senso de pertencimento e aprendizado, se torna um terreno fértil para ideias criativas e soluções inovadoras, elementos essenciais para o sucesso empresarial. Segundo Paula Coutinho de Oliveira, psicanalista e pós-doutora em psicologia pela Universidade Federal Fluminense (UFF), podemos afirmar que toda diversidade é estratégica, afinal, olhares diversos ampliam possibilidades.

* O termo stakeholder surgiu na década de 1980 e refere-se a qualquer pessoa ou entidade que seja afetada, direta ou indiretamente, pelas atividades de uma empresa. Em tradução livre, a expressão significa "parte interessada".

A diversidade, reiteramos, ao agregar diferentes perspectivas e experiências, potencializa a criatividade e amplia o alcance das soluções, tornando-se também um atrativo para grandes talentos, essenciais ao desenvolvimento das empresas. Além disso, é importante lembrar que, ao longo da história, grandes inovações nasceram de mentes femininas – ainda que, muitas vezes, não tenham recebido o devido reconhecimento. Entre os exemplos estão Marie Curie, vencedora de dois prêmios Nobel por suas descobertas sobre radioatividade, e a almirante Grace Hopper, pioneira da ciência da computação na década de 1940, que desenvolveu sistemas fundamentais para o avanço da tecnologia. Muitas outras mulheres, no entanto, tiveram que lutar para que suas ideias fossem aceitas e, em alguns casos, até adotar pseudônimos masculinos para publicar seus trabalhos, como autoras de livros e invenções marcantes.

Esse panorama torna apenas mais claro que diversidade e inclusão não são somente virtudes éticas. Quando as empresas dão espaço e liberdade para mulheres e outros grupos sub-representados, não estão apenas corrigindo desigualdades históricas, mas também se fortalecendo para se estarem à frente do desenvolvimento do mundo. A diversidade nas equipes é muito importante para dar ao ambiente de trabalho novas perspectivas e experiências. Para Renata Fiore, a combinação de pessoas com diversas histórias e culturas representa uma complementaridade que melhora a dinâmica do trabalho. Segundo ela, cada profissional apresenta uma visão de mundo e enriquece a entrega final.

De acordo com a quarta edição do relatório *A diversidade importa cada vez mais*, que investiga a importância da diversidade e o desempenho financeiro nas empresas, há uma expectativa global de que o aumento de diversidade em lideranças impacte positivamente o desempenho das empresas (Hunt *et al.*, 2023). O estudo utilizou o maior conjunto de dados disponíveis até o momento: participaram 1.265 empresas de 23 países de seis regiões do mundo.

Segundo a pesquisa, a diversidade de gênero em equipes executivas mais do que dobrou na última década. Todos os relatórios – de 2015, 2018, 2020 e 2023 – constataram uma tendência ascendente constante, identificando uma representatividade cada vez maior de mulheres nas equipes executivas. Com esse aumento, também ocorreu um desempenho financeiro maior, saindo de 15%, em 2015, para 39%, em 2023.

> Além da complementaridade entre as equipes, a diversidade também impulsiona a lucratividade. Quando diferentes pessoas colaboram e pensam juntas sobre o negócio, a inovação surge naturalmente. Empresas que abrem espaço para a diversidade, em qualquer forma, têm mais chances de atrair talentos, pois quem observa de fora percebe o valor dessas iniciativas. No entanto, essas ações não podem ficar apenas no papel; é fundamental que sejam efetivamente implementadas.
>
> ••• RENATA FIORE

Ainda segundo o relatório, as empresas estão sob pressão para manterem o desempenho financeiro diante das mudanças no cenário econômico e, por conta disso, estão tendo que criar uma cultura interna de transparência e inclusão para atender às expectativas de impacto social (Hunt *et al.*, 2023). O que podemos concluir com esses números e a perspectiva de especialistas do mercado: em um ambiente competitivo, a diversidade importa, e muito!

DICA

Você pode acessar o relatório completo *A diversidade importa cada vez mais,* que fala sobre a ligação entre diversidade e impacto holístico nas empresas por meio do QR code ao lado.

PLURALIDADE DE VOZES E OLHARES: O PAPEL DA MULHER NO MUNDO CORPORATIVO

A igualdade de gênero e a diversidade compõem os Objetivos de Desenvolvimento Sustentável (ODS) que fazem parte da Agenda 2030 da Organização das Nações Unidas (ONU), que conta com a adesão de diversos países, incluindo o Brasil.

Como observamos em pesquisas como essa, existe uma relação do aumento da lucratividade nas empresas, com a crescente – mesmo que ainda um pouco tímida – participação das mulheres em cargos de liderança. O atual conjunto de dados mostra que um quinto dos membros executivos das empresas é composto por mulheres. Atualmente, oito em cada dez empresas estudadas têm pelo menos uma mulher na equipe executiva. Foi constatado que, em uma década, houve um aumento de representatividade feminina em cargos superiores.

> Quanto mais diversidade de gênero dentro do mundo do trabalho, mais chances de superarmos cultural e socialmente a supremacia masculina nas vagas de liderança. A diversidade traz melhorias às relações interpessoais, aumenta o nível de empatia, facilita o desenvolvimento de inteligência emocional nos trabalhadores, refina a cultura organizacional e promove uma atmosfera de responsabilidade, tão importante para superarmos as diferenças nas empresas.
>
> ••• VANESSA GIL

A pauta da diversidade e inclusão impacta em todos os segmentos do mercado de trabalho, principalmente quando falamos sobre a inserção das mulheres em posições de liderança. Afinal, o que muda é somente a área de atuação, mas as necessidades são as mesmas.

> Quando pensamos em uma sociedade que deve ser boa para todos, pensamos necessariamente em uma sociedade diversa. Quando a gente leva esse pensamento para o ambiente corporativo, estamos falando de um quadro de colaboradores que também expressa essa diversidade, que deveria ser uma verdade em toda a sociedade. Então, eu vejo que um ambiente de trabalho que se propõe a prestar o seu serviço, a atuar da forma mais eficiente possível, precisa ter todos os olhares, atender a todas as demandas, entender as mais diversas necessidades para compor uma entrega que seja realmente ampla, e não uma entrega excludente. Só vejo possibilidade de se conseguir isso com uma diversidade de pensamentos, de formações, de idades, com homens e mulheres das mais diversas áreas, trabalhando em conjunto, mas com essa liberdade de que todos os olhares individuais, todos os pontos de vista, sejam levados em consideração. Isso, a gente só consegue com uma pluralidade de pessoas.
>
> ••• JOYCE RIBEIRO

Segundo a jornalista Priscila Camazano, na sua área de atuação, a diversidade de gênero e de raça é mais que uma questão de representatividade. É também a potência da pluralidade de olhares, o que é fundamental para levar informação de qualidade para o público.

> As experiências diversas amplificam as sugestões de pautas. Eu sempre digo que o jornalismo é uma profissão de doação. É o profissional que se dedica a apurar, investigar e entender situações do dia a dia e levar a informação para o leitor ou telespectador da forma mais objetiva e clara possível. Informação de qualidade, pilar fundamental

> do jornalismo profissional, salva vidas. Por isso, um olhar diverso amplia as possibilidades de enxergar que um tema pode virar uma pauta. As mulheres e os negros são a maioria da população brasileira – 51% e 56%, respectivamente, segundo dados do IBGE –, ou seja, a vantagem estratégica para o segmento é ter profissionais que possuam a vivência da maioria dos brasileiros.
>
> ●●● PRISCILA CAMAZANO

Alguns benefícios da diversidade nas empresas:

- **AUMENTO NO NÍVEL DE CRIATIVIDADE E INOVAÇÃO:** uma equipe diversa traz consigo várias perspectivas e experiências. Quando pessoas de diferentes origens e culturas colaboram, o repertório e a gama de ideias são igualmente enriquecidos e expandidos. Além disso, descobriu-se que a probabilidade de empresas cujas práticas são inclusivas superarem seus concorrentes em rentabilidade é de 33%.
- **MELHOR TOMADA DE DECISÃO:** pesquisas mostram que equipes diversificadas são mais capazes de tomar as melhores decisões. Por exemplo, grupos diversificados geralmente sofrem menos com o pensamento de grupo.
- **MAIOR ENVOLVIMENTO DOS FUNCIONÁRIOS E RETENÇÃO DE TALENTOS:** colaboradores que se sentem incluídos e respeitados em seu local de trabalho têm maior probabilidade de permanecer na empresa e apoiá-la em seu crescimento. A diversidade e a inclusão no local de trabalho ajudam a criar um ambiente onde cada funcionário é valorizado, o que aumenta significativamente o grau de envolvimento e a satisfação no trabalho.
- **MELHOR REPUTAÇÃO CORPORATIVA:** as empresas que abraçam a diversidade e a inclusão também são vistas como empresas socialmente responsáveis, pois atraem não apenas talentos diversificados mas também investidores e parceiros de negócios que procuram colaborar com empresas progressistas.

Como dito anteriormente, equipes diversas são mais criativas e encontram soluções mais bem conectadas com as necessidades dos novos hábitos da população. E quando falamos em empresas de tecnologia, essa demanda interna se torna ainda mais necessária. Segundo Ieda Jordão, especialista em marketing digital e gerente de contas de uma empresa multinacional no segmento on-line e de software, uma empresa que realmente entende o seu público precisa ter um time que o represente, criando produtos e serviços que atendam a todos.

> A diversidade nos ajuda a entender melhor o mercado e a nos conectar com nossos clientes de forma autêntica. E no final, tudo isso acaba refletindo positivamente em resultados financeiros e reputação de marca. Em um mundo cada vez mais consciente, as pessoas querem se relacionar com empresas que compartilham seus valores. A empresa onde trabalho reconhece que uma equipe diversa é essencial para criar produtos que atendam às necessidades de uma base de usuários global, desenvolvendo soluções mais inclusivas, acessíveis e relevantes para todos.
>
> ••• IEDA JORDÃO

As mulheres representam uma grande parte da força profissional no mercado de trabalho e, aos poucos, estão ocupando setores que até então eram dominados por homens. A desigualdade de gênero, porém, ainda é uma realidade no mundo corporativo, principalmente quando nos referimos a salários e à ocupação de cargos de liderança, como vimos no capítulo 1. No entanto, é preciso acreditar que esse panorama pode mudar e que um dia não seja mais tão evidente – ou que não exista mais – a diferença de oportunidades entre os gêneros.

ABRINDO CAMINHOS: ESTRATÉGIAS PARA AUMENTAR A REPRESENTATIVIDADE FEMININA

Aumentar a representação feminina em todas as áreas da força de trabalho demanda acompanhamento com uma série de estratégias a fim de garantir a igualdade de gênero em todas as esferas. Algumas ações não podem ser evitadas:

- **POLÍTICAS DE RECRUTAMENTO INCLUSIVAS:** a ideia é que as empresas incentivem as mulheres a se candidatarem a cargos de liderança começando em igualdade de condições de trabalho.
- **POLÍTICAS DE EQUIDADE SALARIAL:** adoção de políticas que garantam que as mulheres sejam pagas de acordo com os homens no mesmo cargo, eliminando salários com base no gênero.
- **PROGRAMAS DE MENTORIA E LIDERANÇA:** são necessários programas liderados por mentores para ajudar as mulheres no início de suas carreiras e um treinamento especializado de habilidades de liderança, ministrado inclusive para as mulheres que já ocupam os cargos mais altos.
- **FLEXIBILIDADE NO AMBIENTE DE TRABALHO:** implementação de diretrizes para ajudar a equilibrar a vida pessoal e profissional, com horários flexíveis, trabalho remoto, bem como licenças para pais que sejam suficientes para ajudar as mulheres a permanecerem no trabalho.
- **WORKSHOPS DE CONSCIENTIZAÇÃO E PRECONCEITO INCONSCIENTE:** organizar seminários e workshops para ajudar a conscientizar todos os membros da equipe sobre preconceitos e estereótipos de gênero. Isso significa que toda a organização é importante para facilitar a diversidade e a inclusão.

É sabido que somos diferentes na liderança. Podemos sim levar mais tempo na tomada de decisão, pensar mais com o coração em algumas vezes, mas somos muito boas em seguir regras e fazê-las cumprir. Penso que as empresas também não têm claro o que esperam do comportamento da liderança. As mulheres são hábeis para lidar com pessoas, multitarefas, têm percepção aguçadíssima e não posso deixar de citar o sexto sentido. Em meu ponto de vista, precisamos calibrar a energia de cada qualidade e usar tudo de forma ajustada. Preparar as mulheres para refinar essas qualidades e aplicar cada uma delas em seu devido tempo seria incrível.

••• VÂNIA CRUZ

PERFIL DA LIDERANÇA FEMININA

Apesar de lento, o movimento de ampliar a participação de mulheres na liderança feminina tem ganhado espaço, pois o perfil feminino costuma ser mais colaborativo, empático e inovador. Empresas com mais mulheres em cargos de liderança têm 25% mais chances de ter um desempenho acima da média (Krivkovich, 2024). Liderar com sensibilidade e visão estratégica é uma das marcas da força feminina no mercado.

Ao falar sobre mulheres em cargos de liderança, é interessante observar que seu modo de atuar possui características que enriquecem e fazem desenvolver o ambiente de trabalho. Assim, reforçando o que viemos abordando até aqui, quando pensamos em diversidade, criamos um ecossistema que favorece a aprendizagem mútua e a troca de experiências, que resultam em equipes mais completas e integradas.

Uma das características que mais diferenciam as mulheres dos homens – e que pode ser um diferencial competitivo – é a gestão humanizada. Predominantemente, apresenta-se como o modelo emergente no mundo corporativo. Nessa transformação, as mulheres têm um papel muito especial. O espírito de competição acirrada, a rigidez das estruturas e a política do eu, tão predominantes no universo masculino, vêm dando lugar a uma nova cultura organizacional com valores de humanização, cuidados, empatia e atenção ao outro e ao meio. Ética e sustentabilidade, valores comumente associados ao feminino e, por isso, apropriados pelas mulheres, vêm sendo assumidos por gestores e gestoras de forma mais ampla, plural e democrática. E nesse meio, a razão e a inclusão são palavras de ordem.

De acordo com Sally Helgesen (1995), deve-se reconhecer que as líderes femininas, como regra, têm inclinações inclusivas e colaborativas, demonstrando uma abordagem à cooperação e comunicação abertas. Esse método promove a confiança entre as pessoas e fortalece a estrutura organizacional existente, pois os líderes desejam essas mudanças ao implementar um estilo menos hierárquico. Isso cria um ambiente de trabalho que facilita a sinergia e a contribuição de cada membro da equipe. Helgesen foi pioneira ao falar sobre o que as mulheres tinham para agregar às empresas, em vez de como precisavam se adaptar.

Todos somos cheios de particularidades, e quando falamos em características que se destacam na liderança feminina, nem todas têm alguns atributos – até porque, como já citado anteriormente, somos seres diversos. Porém, é importante ressaltar alguns atributos que fazem as mulheres se diferenciarem e, consequentemente, se destacarem no mundo corporativo. A seguir vamos resumir alguns aspectos da liderança feminina, já explorados por alguns autores e que são reflexivos e pertinentes para um melhor entendimento. Segundo Alcione Gonçalves (2020), algumas das características relacionadas a mulheres são: maior flexibilização, empatia, tendência à cooperação e maior desenvoltura no relacionamento interpessoal.

Em síntese, alguns pontos fortes da liderança feminina:

- **FLEXIBILIDADE:** líderes mulheres geralmente têm maior flexibilidade na gestão das suas equipes, o que leva a melhores resultados, especialmente em tempos de mudança e incerteza.
- **CAPACIDADE DE COOPERAÇÃO:** pesquisas confirmam que as mulheres dão mais valor ao trabalho coletivo e à colaboração, chave para criar um conjunto em que todos da equipe se sintam parte do processo.
- **IMPULSO À DIVERSIDADE, CRIATIVIDADE E INOVAÇÃO:** essa característica marcante das lideranças femininas promove uma pluralidade de ideias que enriquece a resolução de problemas e a tomada de decisões estratégicas. Essa capacidade de abraçar a diversidade é acompanhada de um olhar criativo para os desafios, incentivando soluções "fora da caixa" e adaptáveis às demandas de um mercado em constante transformação. Com o olhar voltado à inovação, esse impulso, muitas vezes, tem base em uma abordagem empática e orientada para o futuro, o que torna as mulheres líderes capazes de identificar tendências e promover mudanças sustentáveis nas organizações.
- **HABILIDADE DE RELACIONAMENTO INTERPESSOAL:** por conta de todas as habilidades mencionadas até aqui, as mulheres geralmente têm relações de qualidade com os colaboradores. Elas sabem exatamente o que esperam do trabalho, e isso as ajuda a apresentar demandas adequadamente e a motivar

as pessoas a alcançarem altos resultados. E, principalmente: sabem como comunicar de forma assertiva as suas expectativas e, com isso, motivam as pessoas a alcançarem os objetivos de forma a olhar para o coletivo, o que de certa forma também contribui para o desenvolvimento pessoal. A boa comunicação, além de ser uma das principais habilidades interpessoais de sucesso nas organizações, também é considerada um forte atributo feminino.

- **EMPATIA:** as mulheres possuem uma habilidade especial de se conectarem emocionalmente com os colaboradores, o que contribui para a criação de um ambiente mais humano na empresa. Essa soft skill (habilidade interpessoal) é uma das habilidades que mais ressaltam, junto com a comunicação, o perfil de liderança feminina.

O escritor e jornalista americano Daniel Goleman, considerado o pai da inteligência emocional, fala sobre alguns tipos de empatia muito presentes no feminino. Entre eles, a empatia cognitiva, que é a capacidade de entender o ponto de vista da outra pessoa. Em poucas palavras, podemos concluir que quanto mais diversa a empresa, melhor o clima organizacional. A empatia é muito mais do que uma característica: pode ser um comportamento ensinado, motivado pelos resultados que gera ao nosso redor.

No mercado de trabalho – principalmente no segmento da comunicação –, é necessário ter um olhar sempre atento à inteligência emocional, pois desenvolver essa habilidade manterá você firme em momentos de pressão e lhe ajudará a adquirir mais confiança. No mundo empresarial, a forma como nos relacionamos com as pessoas impacta diretamente a nossa trajetória profissional.

No livro *Sou mulher, sou líder* (2023), Leny Kyrillos e Cássia Godoy ressaltam que, diante de problemas, as mulheres têm mais facilidade para considerar possibilidades de atuação. De uma forma geral, costumam ter mais sensibilidade para se colocar no lugar do outro:

> Mulheres costumam valorizar o feedback contínuo e a ajuda mútua entre os liderados. Esse comportamento proporciona ambientes mais acolhedores, em que as pessoas podem exercitar seus talentos e aptidões. Ambientes assim ajudam na retenção de talentos e estimula o desenvolvimento. Mulheres costumam adotar comportamentos de liderança mais inclusivos, com respeito ao outro, priorizando a harmonia e a produtividade (Kyrillos; Godoy, 2023, p. 28).

Todas as características mencionadas pelas autoras são essenciais para que as empresas se mantenham competitivas. A liderança conduzida por mulheres que colocam em prática os pontos fortes de seu perfil, explanados aqui, tende a proporcionar um ambiente de trabalho mais agradável e potente. Colaboradores que ocupam uma função subordinada a uma mulher sentem mais empatia, tolerância e, também, melhor receptividade a erros ocasionais. As empresas que praticam essas experiências relatam que esses fatores não apenas melhoram a dinâmica interna, mas também favorecem seu crescimento.

Arrematando as ideias

Neste capítulo, observamos que equipes diversas são mais criativas, tomam decisões melhores e têm maior capacidade de se conectar com diferentes públicos. Além disso, é possível afirmar que políticas afirmativas — como recrutamento inclusivo, equidade salarial, mentorias, workshops e apoio à parentalidade — são cruciais para ampliar a representatividade feminina em cargos estratégicos.

Diversidade não é só uma bandeira social, mas uma oportunidade de crescimento sustentável. Quando as empresas abrem espaço real para a pluralidade de perfis, experiências e olhares, especialmente das mulheres, não apenas corrigem desigualdades históricas, mas constroem ambientes mais criativos, saudáveis e preparados para os desafios do futuro. O protagonismo feminino precisa deixar de ser exceção e se tornar uma regra de sucesso nas organizações.

SEU MOMENTO!

Você tem perfil de liderança feminina?

Marque as afirmações com as quais você se identifica:

- ◯ **Sou flexível** na gestão da equipe e consigo me adaptar a mudanças com facilidade.
- ◯ **Valorizo a colaboração** e acredito que o trabalho coletivo fortalece o time.
- ◯ **Estimulo a diversidade** de ideias e promovo um ambiente criativo e inovador.
- ◯ **Tenho um bom relacionamento interpessoal** e sei motivar as pessoas ao meu redor.
- ◯ **Utilizo a comunicação de forma assertiva** e deixo claro quais são as tarefas e expectativas.
- ◯ **Pratico a empatia**, compreendendo diferentes pontos de vista.
- ◯ **Dou espaço para feedbacks** e incentivo o crescimento mútuo dentro da equipe.
- ◯ **Encaro os desafios com sensibilidade**, buscando soluções sustentáveis e inclusivas.
- ◯ **Promovo um ambiente acolhedor**, onde todos se sentem respeitados e valorizados.

SIGA O

SIGA O SEU PROPÓSITO:
QUANDO VOCÊ SABE POR QUE FAZ O QUE FAZ,
ESTÁ NA METADE DO CAMINHO PARA O SUCESSO

PROPÓ

QUAND

VOCÊ S

SEU

SITO:

O

ABE...

CAPÍTULO 3

O "TETO DE VIDRO" DAS MULHERES NA COMUNICAÇÃO E NO AUDIOVISUAL

Será que estamos realmente prontos para ouvir e valorizar as vozes femininas na cultura e na mídia? O termo "teto de vidro" – tradução livre de glass ceiling *– é utilizado para representar barreiras invisíveis e discriminatórias em relação à representatividade feminina no mercado de trabalho.*

A inserção das mulheres na comunicação e no audiovisual vai além de uma conquista de espaço: transforma narrativas culturais e sociais de forma profunda. Quando mulheres ocupam posições de destaque em setores tão influentes, o impacto transcende o ambiente profissional, moldando valores, ampliando visões e desafiando estruturas enraizadas que há muito tempo determinam como as histórias são contadas.

Mas afinal, quem está no controle das narrativas que moldam nossa sociedade? Por que ainda é tão difícil ver mulheres liderando bastidores e decisões na comunicação e no audiovisual?

Este capítulo convida você a refletir sobre essas barreiras culturais e sociais que ainda limitam o crescimento das mulheres, principalmente em setores estratégicos de influência. Com dados, depoimentos e experiências reais, traz não só as dificuldades enfrentadas pelas mulheres, mas também o impacto positivo da sua presença na transformação das narrativas e na criação de ambientes mais inclusivos, humanos e plurais.

O IMPACTO CULTURAL DA PRESENÇA FEMININA NA COMUNICAÇÃO

Mesmo sendo maioria na liderança da comunicação corporativa (69%), as mulheres ainda ocupam apenas 45% dos cargos de direção ou vice-presidência (Gandra, 2019).

Embora as mulheres representem uma parcela expressiva da força de trabalho na comunicação corporativa, sua presença em cargos estratégicos e de tomada de decisão ainda encontra barreiras significativas. Uma pesquisa sobre o perfil da liderança no setor revelou que, apesar de ocuparem 69% dos cargos de liderança na comunicação corporativa, as mulheres representam apenas 45% dos postos de direção ou vice-presidência (Gandra, 2019). Embora haja avanços na representatividade feminina, persiste um "teto de vidro" que limita o acesso a posições de maior poder e influência. Essa desigualdade não é reflexo de falta de competência ou ambição, mas de obstáculos estruturais e culturais que permanecem enraizados nas organizações.

A pesquisa "Diversidade e inclusão nas organizações" reforça esse cenário ao apontar que as lideranças, embora incentivem em parte a convivência entre diferentes perfis e investiguem denúncias de preconceito, falham em aspectos cruciais para a construção de ambientes inclusivos (Briso, 2018). Segundo o levantamento, 45% dos profissionais afirmam que suas lideranças estimulam o trabalho colaborativo entre pessoas diversas e 44% reconhecem o esforço em apurar casos de tratamento injusto. Porém, 52% relatam que não recebem apoio para identificar preconceitos que geram exclusão, e 45% afirmam que não há iniciativas consistentes para reunir profissionais com diferentes características de diversidade em projetos conjuntos (Briso, 2018).

Em um setor cuja essência está na criação de narrativas e na capacidade de influenciar a sociedade, a ausência de práticas efetivas de inclusão e promoção da diversidade revela um paradoxo: fala de mudanças, mas nem sempre isso se transforma em realidade. Superar esse descompasso exige mais do que políticas pontuais, requer um compromisso estratégico e contínuo para romper barreiras, ampliar oportunidades e garantir que o protagonismo feminino e a pluralidade sejam pilares da cultura organizacional.

Esses dados nos levam a questionar: por que, mesmo em setores onde as mulheres representam a maioria da força de trabalho, elas ainda encontram dificuldades em ascender às posições de liderança? O que impede que suas vozes sejam ouvidas e suas competências designadas no mesmo nível que seus colegas homens? Um dos caminhos para reverter esse cenário é investir em políticas e atitudes que tornem a comunicação e o audiovisual ambientes mais inclusivos.

Mulheres no jornalismo

De acordo com a pesquisa *Mulheres no jornalismo brasileiro* (2017), conduzida pela Associação Brasileira de Jornalismo Investigativo (Abraji), os dados expõem um cenário alarmante de violência de gênero na profissão. O levantamento, que ouviu cerca de 500 jornalistas de 271 veículos, revelou que 90% das entrevistadas já enfrentaram situações de assédio moral ou sexual, além de piadas machistas no ambiente de trabalho. Ainda mais preocupante é o dado de que 65,7% delas tiveram sua competência profissional questionada unicamente por serem mulheres – evidenciando o machismo estrutural ainda presente nas redações brasileiras. Esse cenário aponta para uma estrutura organizacional que ainda reproduz estereótipos de gênero e limita o crescimento profissional feminino.

Algumas pessoas questionam e associam representatividade com o número de profissionais nas redações jornalísticas. Sim, existem muitas mulheres nos cargos de repórteres, produtoras, editoras de texto, mas poucas em cargos de liderança, ou seja, que tomam as decisões em relação ao escopo de trabalho e às demandas das equipes. Outra pesquisa que fala sobre a representatividade feminina no mercado midiático é a *Women and leadership in the news media 2024: evidence from 12 markets* [Mulheres e liderança em meios jornalísticos em 2024: evidências de 12 mercados], realizada pela Reuters Institute (Pennacchio, 2024). Embora as mulheres representem 40% dos jornalistas dos 12 mercados analisados, elas ocupam apenas 24% dos 174 principais cargos de liderança nas 240 redações pesquisadas em quatro continentes. No ranking mundial, segundo o estudo, o Brasil ocupou a penúltima posição, com apenas 5% das mulheres em cargos de liderança nas organizações jornalísticas.

E quando falamos das profissionais negras e pardas nas redações, outro estudo, *Perfil do jornalista brasileiro 2021: características sociodemográficas, políticas, de saúde e do trabalho* (Lima *et al.*, 2021), publicado pela Universidade Federal de Santa Catarina, mostra que as mulheres negras representam 9,3%, enquanto as pardas, 20,06%. As mulheres brancas são a maioria, com 67,8% de profissionais nas redações.

> O que eu vejo hoje, depois de mais de duas décadas trabalhando sob a pressão de um padrão que tem como referência um modelo europeu, muito longe da diversidade brasileira, é uma certa flexibilidade que vem sendo construída de poucos anos para cá. O que é muito benéfico, e muito condizente com a nossa sociedade, pois nos retrata de uma forma mais verdadeira nos veículos de comunicação, com foco na valorização das nossas infinitas belezas. Ainda há uma luta em relação a essa imposição que padroniza os moldes do passado? Sim, ainda existe.
>
> ••• JOYCE RIBEIRO

De acordo com um levantamento global realizado sobre representação de gênero na mídia, divulgado em 2021 na 6ª edição do Global Media Monitoring Project, publicado pelo site *Media Talks* do UOL, são previstos 67 anos para a representação do gênero feminino ser equilibrada. Esse estudo foi realizado com opiniões de especialistas de seis países. Ainda segundo o site, o estudo é considerado a maior iniciativa do mundo sobre igualdade de gênero nas notícias e no jornalismo (Representação [...], 2021).

Algumas sugestões para promover igualdade de gênero nas redações:

- **CRIAÇÃO DE POLÍTICAS INTERNAS DE EQUIDADE DE GÊNERO:** metas claras de inclusão feminina, estipulando cotas para cargos de liderança.
- **CAPACITAÇÃO EM DIVERSIDADE E COMBATE AO ASSÉDIO:** a ideia é construir um ambiente de trabalho mais seguro, respeitoso e igualitário.
- **PROGRAMAS DE EQUIPARAÇÃO SALARIAL:** para corrigir e evitar a discriminação salarial, garantindo equidade na política interna para promoção de cargos.
- **FOMENTO À DIVERSIDADE DE NARRATIVAS:** criar pautas com recortes de gênero e a valorização de perspectivas femininas na cobertura jornalística.
- **MENTORIAS E REDES DE APOIO ENTRE MULHERES JORNALISTAS:** é importante para o fortalecimento profissional e emocional dessas mulheres, além de ser uma ótima fonte de contatos e de colaboração.

Entre as redes de apoio globais e regionais, destacamos a International Association of Women in Radio & Television, uma organização global para mulheres que trabalham na TV ou em mídias eletrônicas, com filiais em vários países do mundo e que apoia projetos focados em mulheres na mídia e oferece treinamentos. Outra rede de apoio é o MentorEla, programa de mentorias voltado para mulheres que buscam posições em cargos de liderança nas empresas participantes do Pacto Global – Rede Brasil – e comprometidas com a Agenda 2030.

Promover a equidade de gênero nas redações é não apenas uma questão de justiça, mas também uma estratégia para ampliar a pluralidade de vozes e melhorar a qualidade da informação.

DICA

Para saber mais sobre a pesquisa em relação às mulheres em cargos de chefia no Brasil e no mundo, acesse a versão completa por meio do QR code ao lado.

INCLUSÃO NAS TELAS: COMO O AUDIOVISUAL PODE SE TORNAR MAIS INCLUSIVO

A experiência deveria ser valorizada, mas muitas mulheres são silenciadas apenas por envelhecerem. A indústria cinematográfica valoriza a juventude em detrimento da experiência, e o etarismo ainda é muito presente nas pequenas e nas grandes produções. No mercado de trabalho, de forma geral, e no audiovisual e na comunicação, em particular, é hora de romper com os estigmas e reconhecer que a maturidade é potência, não limitação.

Etarismo: a idade importa?

Desde que a mulher nasce, ela carrega consigo uma missão ditada pela sociedade por meio dos estereótipos femininos: o compromisso de praticar o cuidado dos outros. Nessa visão, o papel de ser mãe e ser a "gerente do lar" é considerado um "cargo", mesmo que velado, e o único papel da mulher é ser a responsável pelas atividades domésticas. Trata-se do arquétipo da "mãe", o qual pode levar à suposição de que as mulheres maduras são menos ambiciosas e comprometidas com suas carreiras, sob a crença de que suas prioridades estão sempre voltadas à família. O etarismo em relação às mulheres no mercado de trabalho é uma questão relacionada à idade e estereótipos de gênero. Existe uma pressão em relação aos padrões de beleza, que exaltam a juventude, passando a percepção de que o valor da mulher enquanto profissional diminui ao longo dos anos.

Ao entrar para o time das 40+, a mulher passa a sentir os olhares preconceituosos em relação a seu modo de vida, principalmente quando não tem filhos e/ou não tenha se casado. Não importa se tenha realizado várias especializações, trabalhado em projetos que impactaram a vida das pessoas ou do quanto tenha crescido profissionalmente. O que ela mais escuta são perguntas sobre quando ela vai se casar ou se não pensa em ter filhos.

Toda essa pressão pode levar a um sentimento de não se sentir adequada a papéis que saiam desse roteiro criado por uma estrutura patriarcal, que ainda não aprendeu a lidar com mulheres que se destacam em suas carreiras. Existem muitos casos de mulheres que se sentem desmotivadas ou inadequadas para aceitar uma promoção na empresa. Isso prejudica não apenas a saúde mental, mas também a produtividade a satisfação no trabalho.

Como observamos anteriormente, existem muitos estereótipos femininos que estão enraizados no mundo do trabalho e afetam a forma como as mulheres são percebidas, principalmente em relação à idade. Enquanto grande parte dos homens são elogiados conforme envelhecem e seus cabelos ficam brancos, as mulheres são discriminadas por deixarem crescer os fios brancos, sem recorrer à tintura para escondê-los. Por exemplo: você se lembra de ter visto alguma apresentadora de televisão com o cabelo totalmente branco? Talvez nunca tenha visto até o momento. Mas certamente já viu homens mais velhos, e grisalhos, em telejornais ou em filmes de grande bilheteria, recebendo destaque na mídia.

De acordo com uma pesquisa do Centro para o estudo das mulheres na televisão e no cinema da Universidade Estadual de San Diego nos Estados Unidos, houve uma diminuição da participação das mulheres 40+ nos filmes. No entanto, a maioria dos personagens masculinos, naquele mesmo ano, tinha mais de 40 anos: 52% contra apenas 28% de participação feminina (Elsesser, 2024).

A sensação é que a partir dos 40 anos as mulheres começam a se tornar invisíveis para o mercado audiovisual, principalmente quando essa função tem a ver com estar em frente às câmeras.

> Quando eu fiz 40 anos, percebi o quanto os papéis na dramaturgia audiovisual ficaram mais escassos. Falta a iniciativa e os meios de produzirmos material próprio, como solução e resposta, em que sejamos protagonistas das muitas histórias que mostram as mudanças do mundo. Em geral, as protagonistas continuam a ter menos de 20 anos e as atrizes de 40 já incorporam as avós modernas na família dramatúrgica brasileira. Que se escrevam histórias das avós protagonistas de 40+, 50+, ou que se admita que não estamos elencando de forma correta e real as mulheres para os devidos papéis que traduzem as fases da vida. Isso tem a ver com a crença de que "mulher envelhece de forma pior do que homem".
>
> ••• BABI XAVIER

A presença feminina no audiovisual e na comunicação trouxe uma pluralidade de perspectivas que enriquecem o conteúdo produzido. Essa visão permite a criação de narrativas mais inclusivas, humanizadas e relevantes para uma sociedade que busca por representatividade.

Um exemplo disso é o número crescente de produções voltadas para mulheres, que abordam temas como desigualdade de gênero, maternidade, abuso e superação. Essas histórias, antes ignoradas ou tratadas de forma superficial, agora ganham espaço em filmes, campanhas publicitárias e séries que alcançam milhões de pessoas. Essa representatividade não só inspira mudanças no público, mas também gera um senso de pertencimento para quem antes não se via refletido nos conteúdos. Mulheres em cargos de criação têm desafiado os estereótipos que por anos moldaram a comunicação e o entretenimento. Campanhas que promovem diversidade, produções que destacam mulheres em papéis de liderança e narrativas que rompem com o padrão da "mulher idealizada" são exemplos concretos do impacto cultural causado por essa presença crescente.

No entanto, apesar das campanhas de incentivo e de conscientização, o mercado da comunicação, publicitário e audiovisual ainda mantém alguns estereótipos que são evidentes, principalmente quando falamos de etarismo. As mulheres maduras frequentemente enfrentam pressões para se conformarem a padrões estéticos impostos pela sociedade. Esses padrões podem influenciar a percepção de competência e relevância profissional, afetando trajetórias e oportunidades de carreira. As plataformas digitais e os novos formatos de produção de conteúdo no audiovisual geralmente priorizam profissionais mais jovens e, grande parte das vezes, desconsideram o quanto é importante poder contar com profissionais com mais experiência de mercado.

A identidade feminina é moldada por influências culturais e sociais, e na sociedade atual tornar-se uma mulher madura implica resistir a essas imposições, valorizando a própria trajetória e experiência, mesmo que elas não se encaixem nos moldes estabelecidos.

> O etarismo é um dos aspectos mais cruéis dessa imposição, e ele pesa muito mais para as mulheres. Essas cobranças já impactaram minha trajetória, mas também me ensinaram a valorizar o conteúdo e a experiência acima da aparência. Quero que as próximas gerações de mulheres maduras sejam vistas como realmente são: complexas, poderosas e reais.
>
> ••• BABI XAVIER

Diante de todo esse cenário social, as medidas que podem ser tomadas para começar a transformar o mercado de trabalho, independentemente do segmento, são as iniciativas de criar coletivos femininos sobre a pauta do etarismo. Para quebrar padrões estruturais, se faz urgente a criação de políticas públicas e privadas que incentivem a inclusão das mulheres no mercado de trabalho, bem como a inclusão e a valorização do perfil profissional feminino. É necessário também desenvolver cursos, workshops, fóruns e outras ações educacionais e midiáticas para começar a criar um processo de aculturamento da sociedade que valorize a diversidade etária e reconheça as contribuições únicas de cada mulher com 40, 50, 60, 70+, não importa a idade.

INCLUSÃO DE PESSOAS COM DEFICIÊNCIA NAS TELAS

O audiovisual é historicamente conhecido como um espaço onde as pessoas conseguem expressar as suas vozes e, quando falamos em inclusão, é importante mostrar um panorama das pessoas com deficiência.

De acordo com o último censo do IBGE (2022),[1] o Brasil tem 18,6 milhões de pessoas com deficiência. Mais da metade são mulheres, o

1 Instituto Brasileiro de Geografia e Estatística (IBGE). O estudo faz parte da Pesquisa Nacional por Amostra de Domicílios (PNAD): Pessoas com Deficiência 2022.

que equivale a 10% da população feminina do país. Ainda segundo a pesquisa, apenas 26,6% dessa população consegue entrar para o mercado de trabalho e cerca de 55% trabalham informalmente. Por conta desse cenário, 67% optaram em empreender, pela dificuldade de encontrar emprego formal.

É perceptível que ainda não existem políticas públicas de inclusão, e quando falamos sobre as mulheres com deficiência no mercado do audiovisual, a realidade é ainda mais preocupante: ainda segundo a pesquisa, nenhuma mulher com deficiência ocupou cargos como diretora, roteirista ou outra atividade técnica operacional. De acordo com pesquisa da Fundação Seade, em parceria com a Secretaria de Estado dos Direitos da Pessoa com Deficiência (SEDPcD) e o Sebrae-SP, 71% dos influenciadores digitais com deficiência são mulheres (Fundação Seade, 2023).

É o caso de Any, mulher com deficiência, diagnosticada com uma doença rara que foi comprometendo a sua visão ao longo do tempo. Any descobriu nas câmeras uma nova forma de se expressar.

> Descobri que nasci para o universo audiovisual, uma área que me permite continuar contando histórias, mas de uma maneira que se adapta às minhas novas realidades. Meu propósito é transmitir emoções, conectar pessoas e transformar desafios em narrativas visuais significativas.
>
> ●●● ANY KETHELLEN

Para conseguir se qualificar em sua nova carreira, Any entrou para o Programa Acessar, um projeto pioneiro e inovador que tem o objetivo de capacitar e, com isso, criar oportunidades para pessoas com deficiência (PCD) entrarem no mercado do audiovisual mobile.[2] Os estudantes aprendem a produzir, dirigir e gravar as suas próprias produções.

---

2 Termo utilizado para se referir a dispositivos móveis, como celulares, tablets ou smartphones.

A iniciativa é da Causar, negócio social que nasceu com o propósito de oferecer novas perspectivas de trabalho no setor para pessoas com deficiência e jovens periféricos em vulnerabilidade social. A Causar é a primeira escola de audiovisual mobile brasileira para pessoas com deficiência e a primeira produtora de audiovisual mobile do Brasil liderada por pessoas com deficiência (Causar [...], [2025?]).

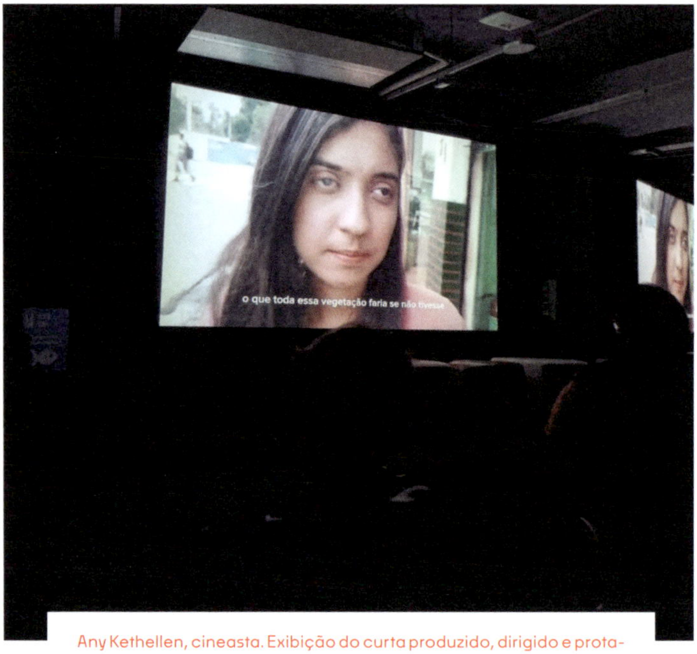

Any Kethellen, cineasta. Exibição do curta produzido, dirigido e protagonizado por ela mesma, no Parque Tecnológico de Santos durante um evento sobre os ODS.[3]
Crédito: divulgação (Causar [...], [2025?]).

De fato, ainda há muito o que se fazer em relação à presença de mulheres com deficiência no setor. Acreditamos que o mercado do audiovisual está – mesmo que a passos lentos – evoluindo no sentido de estarem surgindo projetos sociais com o intuito de promover a inclusão e impactar vidas.

---

3 ODS é a sigla para Objetivos de Desenvolvimento Sustentável, um conjunto de metas globais estabelecidas pela Organização das Nações Unidas (ONU).

> Como uma mulher com deficiência, aprendi que o mundo não está pronto para me receber, mas isso não significa que devo esperar sentada. A cada barreira que enfrento, percebo que sou mais forte do que imaginava. Descobri que posso ser protagonista da minha própria história e que a persistência é uma ferramenta poderosa.
>
> ••• ANY KETHELLEN

Influência na cultura organizacional e social

Outro ponto a ser discutido é que a presença feminina significa, diretamente, uma transformação cultural nas empresas de comunicação e audiovisual. Quando mulheres assumem postos de liderança, é mais provável que se estabeleçam práticas igualitárias. Essa visão também aponta características do que se entende como liderança feminina, tais como a empatia, escuta ativa e flexibilidade. Além disso, é relevante na criação de oportunidades e traz um impulso à inovação.

Empresas que valorizam a diversidade de gênero e promovem a presença de mulheres em cargos estratégicos têm maior capacidade de atrair talentos diversos e atender às demandas de um público igualmente plural. Ao criar conteúdo, as mulheres expõem assuntos a serem transmitidos e debatem desafios políticos, defendem argumentos morais e geram interesse pela equidade. A diversidade cultural feminina no audiovisual e na comunicação é um legado em construção.

A desigualdade organizacional entre os gêneros permanece uma realidade inquietante, refletindo um sistema ainda marcado por barreiras culturais e sociais. No entanto, segundo Vanessa Gil, empresas que buscam superar o machismo estrutural no ambiente de trabalho adotam abordagens mais equitativas, avaliando homens e mulheres com base em suas competências, habilidades e resultados para posições de liderança e, dessa forma, geram impactos culturais e sociais.

Esse movimento, que começou com passos tímidos em um mercado dominado pelos homens, hoje é uma força que molda o futuro. Ao diversificar as vozes por trás das câmeras, nos sets de filmagem e nas salas de encontro, as mulheres estão garantindo que as histórias contadas reflitam a realidade de uma sociedade plural, rica em diversidade e repleta de possibilidades.

> A presença feminina em cargos de liderança é necessária, traz diversidade de pensamento e promove a igualdade de oportunidades, gerando imediatamente um impacto positivo. Além disso, mulheres líderes inspiram outras mulheres a acreditarem no próprio potencial e ajudam a desconstruir preconceitos históricos.
>
> ●●● FABIANA HELENA SUCIGAN

DESAFIOS E BARREIRAS CULTURAIS: REFLEXÕES COM BASE NOS ARQUÉTIPOS FEMININOS

Os desafios enfrentados pelas mulheres no mercado de trabalho, especialmente na comunicação e no audiovisual, estão profundamente conectados aos desafios e preconceitos que ainda permeiam a sociedade. Como apontado pela psicóloga Alessandra Chambo Zavarizi, desde os primórdios as mulheres foram multitarefas – cuidando da caverna, administrando recursos e mantendo uma vida em harmonia enquanto os homens se concentravam em tarefas específicas, como a caça. Esse papel multifacetado deveria ser valorizado, mas é frequentemente subestimado no ambiente profissional atual.

Essa percepção histórica de que as mulheres são menos dedicadas por acumularem responsabilidades pessoais e profissionais persistem nos dias de hoje. Muitas empresas ainda enxergam o casamento ou a maternidade como fatores que exigem a disponibilidade e a eficiência das mulheres, desconsiderando que, na verdade, essas experiências podem trazer habilidades valiosas no âmbito profissional, como organização, empatia e resiliência. Alguns historiadores especialistas em antropologia associam características como tendência à cooperação, maior flexibilização e maior desenvoltura no relacionamento interpessoal a um histórico de séculos de uma cultura que estimula e cobra a mulher para que seja cuidadora e protetora desde criança. Essa resistência cultural se reflete diretamente no mercado de trabalho, onde, muitas vezes, as mulheres precisam provar sua capacidade repetidamente para superar barreiras que não são impostas aos seus colegas homens.

Para muitas mulheres, existem momentos em que é necessário provar, repetidamente, que somos competentes e capazes de liderar ou executar um projeto com excelência. É nesses momentos que nos deparamos com uma realidade desconfortável: o fato de ser mulher ainda é, em muitos casos, uma barreira que limita a confiança e as oportunidades que nos são concedidas. Juliana Lira conhece bem essa realidade, pois viveu essas situações ao longo de sua trajetória profissional:

> Um exemplo que marcou minha carreira foi quando escrevi um projeto para realizar um carnaval fora de época. Durante minha licença-maternidade, deixei o material com o produtor que ocupou meu lugar. Ele apresentou o projeto como se fosse dele aos diretores, que acharam a ideia incrível, sem perceber que aquilo vinha de muito do meu trabalho, construído no dia a dia da TV. Dois meses depois, ele não conseguia colocar a ideia em prática, então fui chamada para "ajudar no projeto dele". Ao chegar, percebi que era o meu projeto. Fiquei indignada e conversei com meus chefes, que ficaram constrangidos ao se darem conta da situação. Esse episódio me ensinou que, como mulheres, precisamos não só provar nossa capacidade o tempo todo, mas também lutar pelo reconhecimento do que construímos. Foi um momento doloroso, mas reforçou minha convicção de

> que minha voz precisa ser firme, mesmo em ambientes que tentam silenciá-la.
>
> ••• JULIANA LIRA

Como Alessandra Chambo Zavarizi destacou, a sabedoria ancestral das mulheres – ligada à sua capacidade de adaptação, liderança e gestão – é a base para a construção de civilizações, culturas e, mais recentemente, de organizações modernas. No entanto, o reconhecimento pleno dessas habilidades ainda é uma luta contínua em todo o mercado de trabalho. Regina Dourado, jornalista e apresentadora da Band News, conta que também já passou por momentos em que percebeu que a "não aceitação" de uma ideia se tratava de algo mais:

> Infelizmente já aconteceu algo do tipo comigo, quando sugeri uma determinada ideia e ela não foi aceita pela liderança. Porém, quando um homem deu a mesma ideia, ela foi aceita e implementada. Naquele momento ficou nítido que não estávamos falando de ideias diferentes, mas sim de gêneros.
>
> ••• REGINA DOURADO

As mulheres não precisam apenas enfrentar os preconceitos externos, mas também identificar e abraçar seus desejos e potencialidades, conectando-se com os arquétipos que as tornam singulares. Essa busca por reconhecimento não é apenas uma questão individual, mas sim um movimento coletivo por justiça, educação, cultura e igualdade de oportunidades.

> Aprendi nas dificuldades, sendo amparada por outras mulheres, a força que tem o feminino. Seja no ambiente de trabalho, na rede de apoio. Ter outras mulheres como suporte, apoio e inspiração, faz toda a diferença.
>
> ••• REGINA DOURADO

Ao abordar desafios culturais e de gênero é essencial lembrar que as mulheres já lideram desde os tempos primitivos. Hoje, mais do que nunca, estão prontas para liderar no mercado de trabalho, nas produções audiovisuais e na construção de um mundo mais justo e inclusivo. Essa luta contínua por espaço e reconhecimento é, como diz Alessandra Chambo Zavarisi, o "ponto motriz da nossa existência no mundo". As mulheres não estão apenas ocupando espaços – elas estão evoluindo como narrativas e, com isso, inspirando um futuro mais inclusivo e inovador.

Como resolver a questão da sub-representação?

A sub-representação de mulheres negras em cargos de liderança reforça estereótipos e impede a diversidade de novos olhares nas empresas. Segundo o estudo *Women in the workplace* (Krivkovich *et al.*, 2024), elas são o grupo que mais perde espaço conforme avança na hierarquia corporativa. Dados do IBGE (2024) apontam uma disparidade salarial significativa: as mulheres recebem, em média, menos de 80% em comparação com os homens.

A sub-representação feminina no setor da comunicação e do audiovisual é um desafio que deve ser tratado com seriedade e inovação. Promover a formação e capacitação das mulheres em todas as etapas de produção – do roteiro à direção – é uma solução eficaz para priorizar as suas vozes e experiências.

Da mesma forma, as empresas devem implementar políticas de diversidade e inclusão para criar metas específicas para os projetos e a contratação de mulheres. A valorização de conteúdos que expressam a realidade e a experiência pessoal das mulheres não apenas enriquece a narrativa audiovisual, mas também desconstrói estereótipos e preconceitos. Por fim, aliar-se a organizações de gênero pode fortalecer os esforços de todos os atores e acelerar o progresso real deste setor.

Possíveis soluções para aumento da representatividade feminina:

- **AÇÕES EDUCACIONAIS:** fomentar programas com a finalidade de atrair meninas e mulheres aos cursos técnicos e criativos do audiovisual, como workshops, mentorias e bolsas para mulheres. O apoio de instituições educacionais e organizações também é fundamental.
- **MOSTRAS E FESTIVAIS DEDICADOS AO TRABALHO DE MULHERES:** a ideia é trazer mais visibilidade e reconhecimento às produções realizadas por mulheres, frequentemente subestimadas nos circuitos tradicionais.
- **INCENTIVO A PROJETOS INDEPENDENTES:** oferecer suporte financeiro e logístico para projetos independentes liderados por mulheres. Isso pode incluir fundos de investimento, editais específicos e espaços para exibição dessas obras.
- **PESQUISA E MONITORAMENTO:** realizar pesquisas periódicas para monitorar a participação feminina nessas áreas e avaliar a eficácia das iniciativas inovadoras. A ideia é coletar dados das ações, pois são essenciais para identificar necessidades e direcionar esforços de maneira eficaz. Há poucos dados e pesquisas divulgados em relação à participação das mulheres no setor da comunicação e do audiovisual.
- **POLÍTICAS DE INCLUSÃO E IGUALDADE NAS EMPRESAS DE RADIODIFUSÃO E PRODUTORAS DE CINEMA:** incentivar as empresas a implementarem políticas de recrutamento destinadas a garan-

tir diversidade de gênero e programas de desenvolvimento de carreira destinados a mulheres.

- **REDES DE APOIO DO SETOR:** criar redes de apoio em que mulheres possam compartilhar experiências, desafios e oportunidades por meio de encontros de networking com o objetivo de conectar profissionais experientes com quem está começando no mercado.

Investir em campanhas de comunicação interna e em treinamentos para educar todas as pessoas dentro da empresa sobre a importância da diversidade e inclusão é fundamental para combater estereótipos de gênero.

> Tem que existir um ambiente onde a gente se sinta à vontade para ser quem é, onde nossos talentos sejam reconhecidos. Precisamos de ambientes de trabalho seguros, onde possamos nos sentir respeitadas. Também gosto da ideia da empresa criar redes de apoio onde as mulheres, juntas, se ajudem e se fortaleçam. Ter outras mulheres por perto, que entendam o que a gente passa, é muito importante.
>
> ••• IEDA JORDÃO

Débora Ivanov, produtora com experiência há mais de trinta anos na indústria audiovisual e pesquisadora do setor, ressalta a importância das políticas públicas para possibilitar oportunidades para as mulheres nas áreas de grande relevância técnica:

> No campo das políticas públicas são necessárias ações compensatórias, como as cotas ou indutores na seleção de projetos em editais que fomentam a produção brasileira, facilitando o acesso das mulheres aos recursos necessários para a realização de suas obras. No campo privado, é necessário ampliar ações de conscientização no meio corporativo sobre o potencial das mulheres para atingir melhores resul-

> tados junto ao consumidor que, afinal, é formado por uma maioria de mulheres.
>
> ●●● DÉBORA IVANOV

Em conjunto, essas ações podem ajudar a reduzir a sub-representação feminina nas áreas técnicas e criativas e criar um setor de comunicação e audiovisual mais igualitário e diversificado.

Arrematando as ideias

Mesmo formadas e mais qualificadas, as mulheres ainda enfrentam dificuldades para assumir posições de liderança e serem reconhecidas por suas competências. Assédio moral e sexual, etarismo, discriminação racial e estereótipos de gênero são obstáculos constantes.

As soluções apresentadas – como políticas públicas, programas de inclusão, redes de apoio, mentorias e fomento a projetos liderados por mulheres – são algumas opções concretas para começarmos de fato a promover mudanças efetivas no mundo do trabalho.

O caminho é coletivo e exige mudança estrutural, bem como coragem para romper padrões. Se quisermos uma comunicação mais plural, autêntica e representativa, é preciso garantir o protagonismo feminino à frente das principais decisões.

**IDEIAS SÃO SOMENTE IDEIAS
SE NÃO TOMARMOS UMA
ATITUDE PARA REALIZÁ-LAS**

SÃO

TE

SE NÃO

MOS...

CAPÍTULO 4

PROJETO MULHERES NO AUDIOVISUAL: COMO TUDO COMEÇOU

O vaso de flor em cima do palco

Como nasceu uma ideia capaz de transformar a realidade de tantas mulheres em um setor historicamente dominado por homens? Ao lembrar de como tudo começou, o que vem à minha mente é a lembrança de um vaso de flores que eu tinha trazido da minha casa para compor o palco do auditório, a fim de criar um cenário mais intimista para o evento daquela noite. E por que isso marcou tanto? Porque foi a simbologia de uma primeira vitória, de um propósito alcançado: criar um evento que mobilizasse não só a comunidade escolar, os estudantes e professores, como também fizesse barulho no segmento do mercado do audiovisual.

O que é necessário para tirar um sonho do papel e colocá-lo no palco, diante de tantas barreiras visíveis e invisíveis? De que forma um projeto pode ir além de um evento e se tornar um movimento de ação empreendedora, com o intuito de promover o empoderamento, inclusão e representatividade feminina?

Neste capítulo, você vai conhecer os bastidores da criação do Talks: mulheres no audiovisual *e do projeto* Mulheres no audiovisual *desde a ideia inicial, a curadoria e o planejamento das ações. Você será apresentado também às pessoas que acreditaram em um evento até então inédito sobre o tema na capital paulista, a sua trajetória, os desafios enfrentados, as conquistas alcançadas e os impactos gerados, que mostram como a união entre propósito e ação pode escalar sonhos e influenciar positivamente o mercado e a sociedade.*

SOBRE A IDEALIZAÇÃO

No final de 2022, pós-pandemia de covid-19, o Senac Lapa Scipião, em São Paulo, começava a retomar aos poucos ações e eventos para a comunidade escolar, voltados também ao público geral. Essa unidade do Senac é especializada em comunicação, artes e audiovisual, uma escola pulsante: lá se ouvem sons por toda parte, seja de um ensaio de teatro, bandas tocando para a aula de sonoplastia ou alunos com câmeras realizando gravações pelos corredores.

Com o tempo, percebeu-se que não havia muitas alunas mulheres matriculadas nos cursos de qualificação profissional que envolviam a parte operacional, como cursos de câmera, edição e sonoplastia, áreas do setor audiovisual em que as equipes são compostas majoritariamente por homens, como em emissoras de rádio e televisão. É visível também que a presença das mulheres nos setores da comunicação, cinema, publicidade se faz necessária, seja por trás das câmeras ou à frente de grandes produções.

Dafne Zanoni, coordenadora técnica da área audiovisual da unidade naquela época, sempre incentivou sua equipe, especialmente promovendo a participação feminina. Apresentei a ela uma proposta para realizar um evento com o objetivo de sensibilizar tanto o ambiente acadêmico quanto os profissionais do mercado audiovisual e da comunicação em relação à inclusão e diversidade nesses setores. A recepção à ideia do que viria a ser o *Talks* foi muito positiva, e isso proporcionou a confiança necessária para avançar em sua realização.

Entendo como uma sorte e um grande privilégio poder ter participado do início desse projeto tão importante, que reforça a atuação feminina, ganhando força e lançando um olhar generoso e atento ao trabalho das mulheres no meio audiovisual.

●●● DAFNE ZANONI

Com a validação da proposta do evento, começamos a organizar toda a produção executiva e curadoria. Foram meses intensos, pesquisando sobre as personas do mercado audiovisual e da comunicação, além de fazer o levantamento de dados sobre as mulheres que trabalham nesses setores. Esse item foi uma das maiores dificuldades na época, pois era muito difícil ter um levantamento pontual e uníssono – entre os órgãos e instituições do setor – sobre o número de mulheres nos mais variados cargos no mercado audiovisual. Não existem muitas bibliografias que abordam o tema de forma mais profunda ou até mesmo que tragam orientações sobre como desenvolver a carreira nesse setor.

O primeiro *Talks: mulheres no audiovisual*[1] aconteceu em março de 2023, no auditório do Senac Lapa Scipião. Foi um evento marcante: embora desafiador, mobilizou estudantes, alguns professores e assistentes de estúdio.

A curadoria do evento focou na participação de personalidades do meio audiovisual e da comunicação com foco na diversidade, incluindo: uma diretora de cinema, uma jornalista e apresentadora de televisão, uma atriz de teatro e cinema – professora do Senac Lapa Scipião – e uma jornalista de rádio, sob minha mediação. O auditório ficou lotado com estudantes, a comunidade ao redor da escola, profissionais do mercado do audiovisual e um público interessado pelo tema.

1 *Talks* significa "conversa" ou "fala". No contexto de eventos, esse termo é muito utilizado para identificar o formato do conteúdo a ser produzido e apresentado.

Essa experiência reafirmou a convicção de que estávamos trilhando o caminho certo em prol da inclusão e diversidade no audiovisual, além de incentivar o protagonismo das estudantes e profissionais que estavam na plateia. Na jornada no mundo do audiovisual e da comunicação, vão ocorrer momentos em que não estaremos tão motivadas com a nossa profissão, mas é aí que devemos nos manter firmes e não desistir de prosseguir pelo motivo que nos fez iniciar. Joyce Ribeiro foi uma das convidadas que participou do primeiro *Talks*, e relata sobre alguns percalços da profissão.

> Em todos os momentos da minha carreira, eu sempre senti, sim, a necessidade de me provar e de provar para outras pessoas que eu seria capaz de fazer bem. Desde que eu pensei em trilhar a área da comunicação, e eu queria algo mais específico ainda, que era a área de televisão, eu já sabia que o mercado e as pessoas que compõem o setor teriam esse olhar de desconfiança, de desvalorização. Isso era pior há vinte anos, quando eu comecei. Os espaços eram ainda mais limitados para a presença negra, sobretudo para as mulheres. A questão cultural que preenche a mentalidade de quem toma as decisões no mercado ainda é muito preconceituosa, apesar dos avanços que acontecem lentamente.
>
> ••• JOYCE RIBEIRO

Michelle Silva, idealizadora do *Talks* e do projeto *Mulheres no audiovisual*, no Senac Lapa Scipião.
Crédito: Fabiana Dombrowsky.

A JORNADA APENAS COMEÇOU

Após o *Talks*, realizamos o levantamento de feedback dos estudantes, colegas de trabalho e coordenação para entender quais ajustes seriam necessários para uma próxima edição. A receptividade foi tão boa entre a comunidade acadêmica e o mercado de trabalho dos setores audiovisual e de comunicação, que o incluímos no calendário de eventos da escola para 2024. Durante os meses que se passaram, foi possível ter um olhar mais atento às necessidades das alunas que frequentavam os cursos de qualificação profissional, procurando saber quais eram as suas maiores dificuldades pós-formação, além de entender os seus anseios em relação ao segmento, que ainda não inclui de forma efetiva as mulheres em trabalhos de grande relevância.

Com base nos dados do Observatório Brasileiro do Audiovisual (OCA), vinculado à Agência Nacional de Cinema (Ancine), com foco na diversidade e inclusão das mulheres, de 2018 a 2021, apenas 19,2% dos filmes exibidos nos cinemas tiveram diretoras mulheres.

FIGURA 4.1 – LONGAS-METRAGENS BRASILEIROS EXIBIDOS NO CINEMA, CLASSIFICADOS POR GÊNERO DO PROFISSIONAL E FUNÇÃO TÉCNICA EXERCIDA (2018-2021)

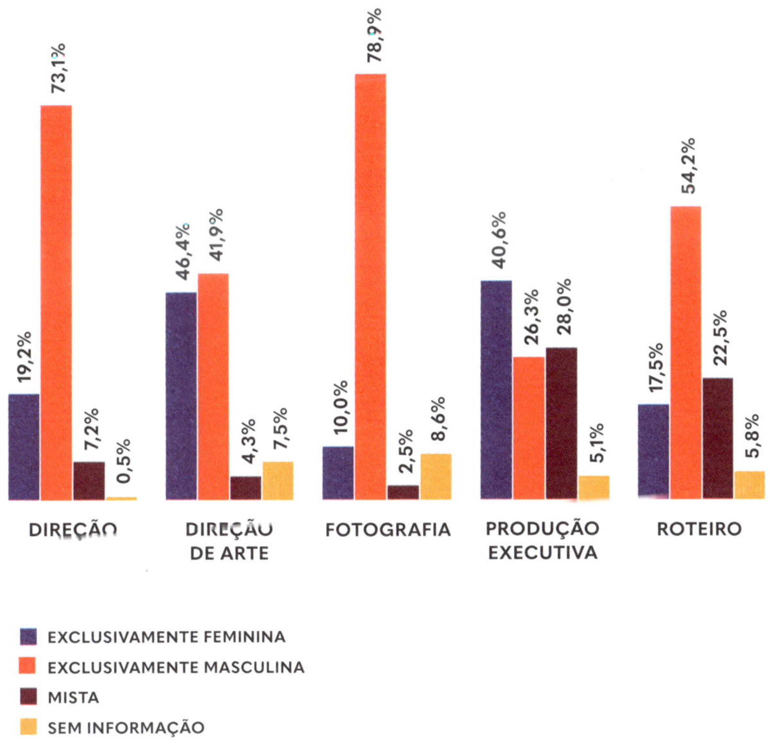

Fonte: adaptado de Ancine (2023b).

A maior representatividade feminina está nas funções de produtora executiva e de diretora de arte. Isso porque, de acordo com o levantamento, para esses cargos são desejadas habilidades de organização e senso estético, o que tem a ver culturalmente com a classificação das mulheres no estereótipo do cuidado e com o fato de serem multitarefas.

FIGURA 4.2 – AS MULHERES SÃO MAIORIA EM FUNÇÕES DE PRODUÇÃO EXECUTIVA (40,6%) E DIREÇÃO DE ARTE (46,4%)

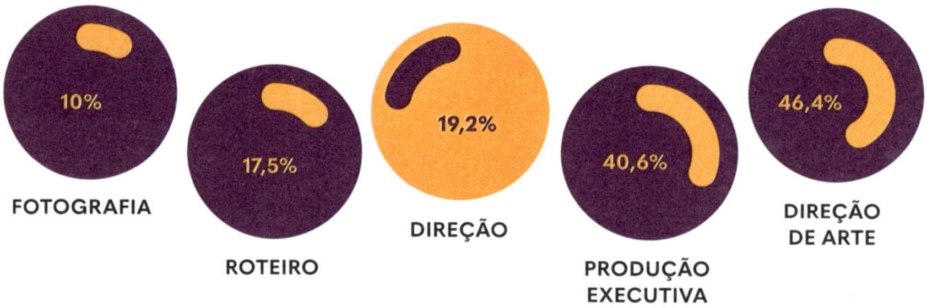

Fonte: adaptado de Ancine (2023b).

Para Juliana Lira, produtora executiva com mais de 25 anos de experiência no mercado audiovisual, as mulheres enfrentam muitos desafios não só para entrar, como também para se manterem nesse setor:

> Os desafios são múltiplos: desde preconceitos estruturais até a falta de redes de apoio. No audiovisual, em particular, é comum que mulheres sejam subestimadas em funções técnicas e criativas. A falta de oportunidades, somada à necessidade de conciliar trabalho e família, cria barreiras significativas. Há também a resistência cultural em aceitar mulheres como líderes em um setor historicamente dominado por homens.
>
> ••• JULIANA LIRA

Ainda segundo dados da Ancine (2023), entre 2011 e 2021, a remuneração mensal das mulheres era de R$ 4.433,44. Uma diferença de 20,7% para menos em relação aos homens, que recebiam R$ 5.592,58. No estudo *Cinema brasileiro: raça e gênero nos filmes de grande público (1995 a 2022)*, também da Ancine e publicado pelo Grupo de Estudos Multidisciplinares da Ação Afirmativa (GEMAA, 2023), as desigualdades nos postos de direção e roteiro em filmes de grande bilheteria no país são evidentes. O levantamento mostra que nenhuma mulher dirigiu filmes de grande público em 2022.

MULHERES PRECURSORAS NO AUDIOVISUAL

Ao analisar a área do cinema, que há muitas décadas é feito também por mulheres, entre diretoras, produtoras e roteiristas, percebemos que não existem muitos registros desses trabalhos na história do setor, no que tange à participação ativa da voz feminina. Isso mostra a importância de ações como eventos voltados à representatividade das mulheres para "sacudir" um pouco esse mercado audiovisual de predominância masculina.

Quando falamos sobre as primeiras mulheres da história no setor audiovisual – de que se tem registro –, podemos citar um exemplo mundial, que é a francesa Alice Guy-Blaché, primeira mulher a trabalhar como cineasta, diretora, roteirista e produtora na era do cinema mudo. Ela foi chefe de produção do estúdio da Gaumont de 1897 a 1907, ano em que se casou com o cineasta Herbert Blaché e mudou-se para os Estados Unidos. Alice fez cerca de mil filmes entre 1896 e 1922, sendo um deles considerado o primeiro filme narrativo de ficção da história do cinema, *A fada dos repolhos* (1896), além da realização de longas-metragens. A importância da cineasta foi negligenciada ao longo do tempo, como a de tantas outras mulheres que durante décadas tiveram o protagonismo negado por conta da estrutura social do patriarcado. No caso de Alice, a cineasta escreveu uma autobiografia em 1940 – a qual só foi publicada em 1976 – justamente pela sua preocupação com a falta de citação do nome dela nos registros cinematográficos até aquele momento.

> Não existe absolutamente nada, na produção de um filme, que uma mulher não possa fazer tão bem quanto um homem. E não há motivo para que ela não domine cada detalhe técnico dessa arte. Nas artes da interpretação, da pintura, da música e da literatura, as mulheres há muito ocupam lugar entre os profissionais mais bem-sucedidos. E, considerando o quanto essas artes são essenciais para a criação cinematográfica, é impossível não se perguntar: por que não encontramos dezenas de nomes femininos entre os mais reconhecidos criadores da fotodramaturgia? (Guy-Blaché, 1914, tradução nossa).

DICA

Para saber mais sobre a vida e o trabalho de Alice Guy-Blaché, leia o artigo sobre documentário que resgata a trajetória da cineasta francesa (acesse por meio do QR code ao lado).

No livro *Feminino e plural: mulheres no cinema brasileiro* (2017), as autoras Karla Holanda e Maria Cavalcanti Tedesco falam sobre o desequilíbrio em relação aos estudos e às ações para fomentar o papel das mulheres no cinema:

> Especificamente no cinema, percebe-se um aumento na demanda por estudos sobre a participação da mulher no audiovisual brasileiro, e a subsequente constatação de que o que foi publicado até agora é mínimo se comparado ao papel desempenhado por ela, em diversas funções na cinematografia nacional. A história das produ-

ções dirigidas por mulheres no Brasil é registrada por duas obras da década de 1980. *As musas da matinê*, de Elice Munereto e Maria Helena Darcy de Oliveira (1982), foi a primeira pesquisa de fôlego sobre a participação feminina na direção de filmes no Brasil transformada em livro (Holanda; Tedesco, 2017, p. 9).

Ainda há muito a ser mapeado e posto em visibilidade sobre a participação das mulheres na comunicação e no audiovisual, mas já existem muitos avanços em relação às pesquisas voltadas à história do feminino nesses setores. Fabíola Tarapanoff, pesquisadora com ampla formação acadêmica e experiência internacional, abordou as sintonias e dissonâncias no cinema transnacional contemporâneo de realizadoras portuguesas e brasileiras.

Ao fazer um recorte sobre o início do cinema no Brasil, Tarapanoff destaca algumas mulheres pioneiras no cinema no país, como Jacyra Martins da Silveira, também conhecida como Cléo de Verberena, que foi a primeira mulher a dirigir um filme no Brasil: *O mistério do dominó preto* (1930). O filme também foi protagonizado por Cléo e produzido junto com seu marido, César Melani. O casal vendeu suas posses para montar a produtora Épica Filmes.

> Como explica Luciana Corrêa de Araújo no capítulo "Cléo de Verberena e o trabalho da mulher no cinema silencioso brasileiro", presente no livro *Feminino e plural: mulheres no cinema brasileiro*, de Karla Holanda e Marina Cavalcanti Tedesco (2017), apesar de o filme ser divulgado na imprensa com grande apelo ao fato de uma mulher dirigi-lo, documentos da época mostram Cléo como atriz ou em fotos posadas em estúdio, e não dirigindo ou liderando uma equipe. Além disso, o filme sofreu diversas críticas pontuando sua direção, deixando a entender que ela só possuía futuro como atriz.
>
> ••• FABÍOLA TARAPANOFF

Apesar de as mulheres serem maioria na população, estão pouco presentes em cargos de grande relevância técnica. Segundo Débora Ivanov, dados mais recentes da Ancine (2023a) revelam que 23,6% dos filmes lançados em 2023 tiveram mulheres como diretoras. Ou seja, um pequeno aumento nos números, se comparado aos levantamentos anteriores, mas, ainda sim, a presença feminina é ínfima.

> O interesse e a qualificação das mulheres para atuar no mercado audiovisual não explicam esses números. As mulheres são maioria entre os concluintes de cursos de graduação na área audiovisual. Elas enfrentam o que chamamos de "teto de vidro" em suas carreiras. Trata-se de uma metáfora que representa as barreiras, aparentemente invisíveis aos olhos de todos, que retardam o avanço de suas carreiras, mesmo quando são dotadas de características produtivas idênticas ou superiores aos seus pares. São estereótipos de gênero, que trazem desconfiança na sua competência, crenças de que a maternidade é incompatível com o trabalho, entre outros preconceitos. Essas barreiras invisíveis são difíceis de superar e impõem às mulheres trabalho dobrado e exaustivo para ocupar espaços nesse mercado tão competitivo.
>
> ••• DÉBORA IVANOV

FIGURA 4.3 – LONGAS-METRAGENS BRASILEIROS EXIBIDOS NO CINEMA EM 2023, CLASSIFICADOS POR GÊNERO DO PROFISSIONAL E FUNÇÃO TÉCNICA EXERCIDA

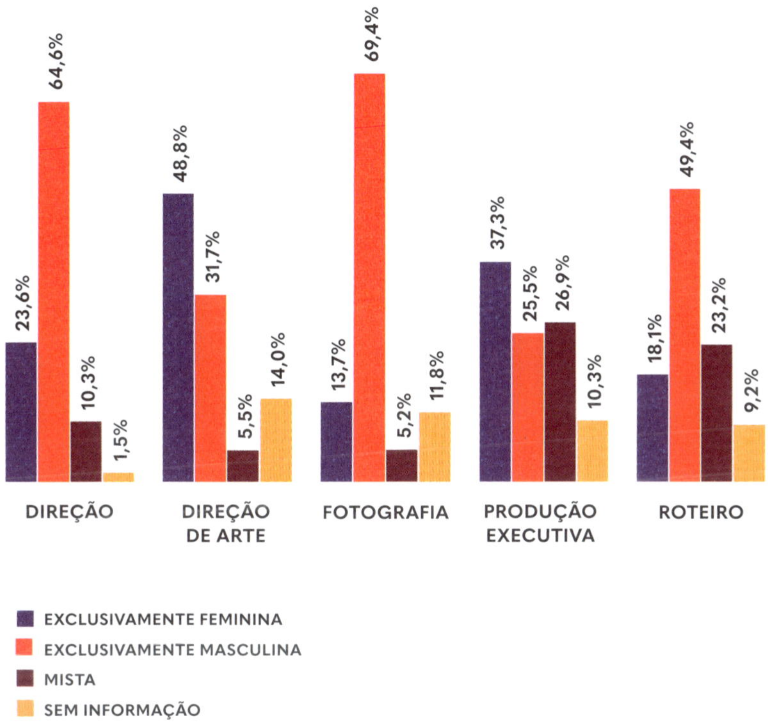

Fonte: adaptado de Ancine (2023a).

QUADRO 4.1 – TOTAL DE LONGAS-METRAGENS BRASILEIROS EXIBIDOS NO CINEMA EM 2023, POR SEXO DO PROFISSIONAL E FUNÇÃO TÉCNICA EXERCIDA

OBRAS COM PARTICIPAÇÃO	DIREÇÃO	DIREÇÃO DE ARTE	FOTOGRAFIA	PRODUÇÃO EXECUTIVA	ROTEIRO
Exclusivamente feminina	64	80	37	101	49
Exclusivamente masculina	175	52	188	69	134
Mista	28	9	14	73	63
Sem informação	4	23	32	28	25
Total	**271**	**164**	**271**	**271**	**271**

Fonte: adaptado de Ancine (2023a).

Segundo Fabíola Tarapanoff, ao longo dos anos, houve uma movimentação significativa das mulheres no cinema brasileiro na função de diretoras, principalmente na década de 1970. No entanto, desde aquela época, as mulheres não conseguem muito espaço de representatividade. É fundamental trazer aqui pesquisas com contexto histórico, para que seja possível analisar como foi o início da jornada das mulheres que buscaram protagonizar as suas trajetórias.

Ao longo das décadas, a participação feminina começou a aumentar tanto no Brasil quanto em Portugal. No Brasil, destaque nas primeiras décadas do século XX para os trabalhos de Carmen Santos e Gilda de Abreu. O número de diretoras no cinema brasileiro começa a aumentar na década de 1970 e vale destacar nomes como Adélia Sampaio, primeira cineasta negra, que dirigiu *Amor maldito* (1984), filme que mostra o romance entre duas mulheres. Também há nomes como de Tereza Trautman, Lúcia Murat, Helena Solberg, Susana Amaral e Tizuka Yamasaki. Com o fechamento da Embrafilme, a produção brasileira chega a zero em 1991. Em 1995, ocorre a chamada retomada do cinema brasileiro, com *Carlota Joaquina, princesa do*

Brazil, dirigido por uma mulher, Carla Camurati. Depois com as Leis Rouanet e do Audiovisual, nas décadas de 1990 e 2000, cineastas passam a ter mais visibilidade no cenário internacional.

••• FABÍOLA TARAPANOFF

Como observamos, a falta de representatividade feminina é uma das grandes questões que precisamos resolver, seja por meio de políticas públicas efetivas, fóruns de discussão e/ou eventos que tragam luz ao papel da mulher nos segmentos da comunicação e do audiovisual.

Na segunda edição do *Talks: mulheres no audiovisual*, que aconteceu em março de 2024, a comunidade acadêmica já conhecia o evento e sabia como essa ação agrega na discussão de novas possibilidades de promover mais visibilidade às mulheres. Para essa edição, procuramos trazer também profissionais que atuam na área operacional, para que o público – em sua maior parte, alunas – pudesse saber um pouco mais como funciona o dia a dia de uma emissora de televisão, por exemplo. Foi nesse contexto que convidamos Karine Camargo, que atua como diretora de imagem em uma das maiores emissoras de televisão da América Latina. Essa função, inclusive, é predominantemente ocupada por homens, sendo as mulheres "peças raras" no comando de colocar os programas no ar:

Quando recebi o convite da Michelle fiquei um pouco sem acreditar! Pesquisei as palestrantes e pensava: "Meu Deus, é isso mesmo? Mulheres gigantes!" O *Talks: mulheres no audiovisual* foi um presente na minha trajetória, ainda mais abrangendo um tema que faz parte da minha luta tão atual, que é diversidade e igualdade no audiovisual. Eu consegui enxergar onde eu cheguei, que foi importante passar por todas as etapas que passei, todos os leões que tive que matar pra provar que uma mulher pode sim atuar com qualidade nesse universo tão masculino. Aprendi tudo nesses

16 anos de carreira com outros profissionais de excelência, e sou muito grata por poder dividir, motivar, contar minha história. Isso me traz uma sensação de que eu venci e que só basta acreditar e se dedicar que você chega lá!

••• KARINE CAMARGO

Karine Camargo trabalhando na direção de imagens de um programa de TV esportivo.
Crédito: Jordan dos Santos.

Na segunda edição do *Talks*, começamos a incluir temas para o painel: inclusão e diversidade narrativa, que tinha como objetivo promover a igualdade de gênero no audiovisual, olhando não só para a questão social, como também para ressaltar o quanto isso pode ser uma vantagem competitiva para o mercado. Além de Karine, também participaram do painel uma diretora de cinema de origem indígena, uma apresentadora de rádio e uma repórter/apresentadora de TV.

Foi interessante observar o olhar das estudantes assistindo à rodada de discussão que acontecia no palco. Era possível perceber, junto às demais personas que estavam no painel, os olhares atentos da mulheres que, de certa forma, se sentiam representadas e acreditavam que também poderiam se tornar referências em suas áreas de atuação.

Gisele Souza, locutora e apresentadora de uma das maiores rádios de estilo jovem do país, em seu relato sobre o evento, disse ter percebido os olhares do público, que transmitiam o sentimento de que estávamos no caminho certo.

> Participar deste *Talks* sem dúvidas foi uma grande experiência. Estar ao lado de mulheres que me inspiram foi um respiro de "deu certo", olha onde estou. Sim, é gratificante saber que estamos cada vez mais conquistando e mostrando que a mulher pode, sim, TUDO. Ver nos olhinhos de cada aluno ali a vontade de fazer acontecer, de aprender, de ver possibilidades, me deixou com o coração quentinho. Saber que a minha história de certa forma contribuiu para qualquer avanço ali, faz tudo valer a pena.
>
> ••• GISELE SOUZA

À esquerda, a locutora Gisele Souza.
Crédito: Edmilson Vitorino.

Ler os relatos das participantes do painel faz perceber e sentir o quanto a ideia de realizar o *Talks* foi assertiva. Valeu a pena aplicar tanto esforço, resiliência e dedicação. Contar essa história é, com certeza, muito gratificante para todos os envolvidos, pois é como transmitir uma retrospectiva com imagens dos diversos obstáculos vencidos. Além das participantes do painel, também convidamos uma ex-aluna para subir ao palco e contar um pouco da sua história, como foi a sua experiência durante o curso e quais eram as suas expectativas em relação ao mercado audiovisual. Jéssica Russo, estudante do setor do audiovisual, havia já realizado vários cursos de qualificação profissional na escola, entre eles o de produção e operador(a) de câmera.

> Ter um espaço de fala no evento foi significativo, pois além de ser ouvida, pude falar em nome de outras estudantes que enfrentavam as mesmas dificuldades. Ter essa voz ativa me motivou a seguir apoiando e abrindo espaços para as mulheres no audiovisual.
>
> ••• JÉSSICA RUSSO

À esquerda, Karine Camargo. Jéssica Russo, à direita, durante a segunda edição do *Talks: mulheres no audiovisual*.
Crédito: Edmilson Vitorino.

Na terceira edição do projeto, que aconteceu em março de 2025, abordamos a pluralidade da mulher no mercado, destacando a trajetória, os desafios e as conquistas no meio audiovisual, bem como na comunicação. A convidada para o painel foi a apresentadora de TV e cineasta Marina Person, que falou sobre as mulheres que atuaram e que ainda seguem carreira como diretoras de cinema, produtoras executivas e também com outras funções técnicas.

À esquerda, a mediadora Michelle Silva e, à direita, a apresentadora e cineasta Marina Person.
Crédito: Fabiana Dombrowsky.

Marina trabalhou em emissoras como a MTV Brasil, na qual teve destaque como apresentadora e produtora de TV. No cinema, dirigiu o documentário *Person* (2007) e o longa-metragem de ficção *Califórnia* (2015), além de séries como *João sem Deus: a queda de Abadiânia* (2023), que foi ao ar pela Globoplay e pelo Canal Brasil, em coprodução com Portugal. Em 2024, Marina lançou a série documental *Viva o cinema! Uma história da Mostra de São Paulo,* veiculada na plataforma de streaming HBO Max, apresentada e dirigida por ela ao lado de Gustavo Rosa de Moura.

ESCALANDO O SONHO: PROPÓSITO E IDENTIDADE

Sabe aquela frase popular que escutamos: "estamos sempre sendo vistos"? Podemos dizer que é a mais pura verdade. O *Talks: mulheres no audiovisual* teve extraordinária receptividade por parte de todos os públicos, até de outros setores do Senac São Paulo, que se interessaram em saber mais sobre a ideia e viram a possibilidade de escalar essa proposta do protagonismo feminino no audiovisual, acrescentando um viés empreendedor, pois empreendedorismo é isto: colocar ideias e projetos na prática, com o olhar da inovação.

Com esse propósito, Camila Ono, coordenadora de projetos educacionais de empreendedorismo do Senac São Paulo, viu no evento uma voz de potência para criar conexões entre empreendedorismo e audiovisual.

> Saía de uma reunião no Senac Lapa Scipião sobre o *Empreenda Senac* – uma das maiores competições de empreendedorismo e inovação do Brasil, cujo objetivo é formar uma cultura empreendedora entre os alunos do Senac São Paulo –, quando um banner chamou minha atenção. Era uma divulgação do evento *Mulheres no audiovisual*, e naquele instante uma pergunta surgiu: quantas formas existem para uma mulher empreender no audiovisual? E, mais importante, quantas elas desconhecem por falta de informação, referência ou acesso? Foi naquele momento que percebi: esse deveria ser um projeto de empreendedorismo, porque o Senac forma profissionais para o mercado profissional. Se eu, que não sou do setor, tinha tantas perguntas, imagine as oportunidades ainda inexploradas para quem quer empreender na área. O audiovisual precisa de inovação e, para isso, é essencial fomentar ações coletivas que ampliem o acesso das mulheres e criem formas de atuação. Logo agendei uma conversa com o coordenador

da área, Moacyr Vezzani, compartilhei minhas percepções e, juntos, decidimos falar com Michelle Silva, idealizadora do *Talks: mulheres no audiovisual*. Esse foi o início de uma conexão potente entre o empreendedorismo e o audiovisual, um passo necessário para transformar a realidade desse mercado.

••• CAMILA ONO

Da esquerda para a direita: Gabriela Barbosa, Michelle Silva, Débora Ivanov, Valquiria Rizzo e Camila Ono. Evento de abertura do Empreenda Senac 2024, no Senac Lapa Scipião em São Paulo.
Crédito: Stela Handa.

Depois da reunião que tivemos para falar sobre o *Talks* e o projeto *Mulheres no audiovisual*, tudo começou a mudar. Foi como ver um sonho se tornando realidade: a concretização de ações efetivas para auxiliar a protagonizar a vida de mulheres! Valquiria Rizzo, coordenadora de projetos do Grupo de Empreendedorismo, Sustentabilidade e Inovação do Senac São Paulo, contou sobre a importância do *Mulheres no audiovisual* dentro da Semana Global do Empreendedorismo.

Foi uma experiência transformadora, marcada pelo protagonismo feminino e pela valorização de narrativas diversas. O encontro reafirmou a importância de fomentar espaços onde mulheres possam expressar suas visões criativas, fortalecendo sua representatividade no setor audiovisual. O grupo de empreendedorismo, sustentabilidade e inovação do Senac São Paulo sente-se honrado em apoiar e dar corpo a esse projeto, alinhando-se ao compromisso de promover ações que impulsionam a diversidade, a inovação e a sustentabilidade. Contribuir para iniciativas como essa reforça nossa missão de fomentar uma sociedade mais inclusiva e colaborativa.

••• VALQUIRIA RIZZO

Da esquerda para a direita: Michelle Silva, Valquiria Rizzo e Débora Ivanov. Evento de abertura do Empreenda Senac 2024. Crédito: Stela Handa.

OBJETIVOS

A ideia do projeto *Mulheres no audiovisual* é ampliar o impacto da diversidade e inclusão no setor audiovisual e na comunicação como um todo e, dessa forma, promover a sensibilização da sociedade e provocar ações efetivas no mercado, para a inserção das mulheres nesses setores que são tão dinâmicos e culturalmente relevantes.

Para isso, pensamos na realização de painéis, workshops e rodas de conversa com o objetivo de gerar empregabilidade, capacitação, conexões e representatividade. Todas essas ações visam dar voz às mulheres e criar narrativas mais diversas e inspiradoras para as próximas gerações. Para Lígia Quintino, assistente da gerência de desenvolvimento do Senac São Paulo, que também faz parte do núcleo que coordena as ações junto com o apoio do grupo de empreendedorismo, sustentabilidade e inovação do Senac, a iniciativa de escalar o projeto mostrará à sociedade a potencialidade feminina no audiovisual e na comunicação:

> Vejo o projeto *Mulheres no audiovisual* como um marco importantíssimo para a área. Poder apoiar, mostrar e exaltar mulheres em um setor tão predominantemente masculino mostrará ao mundo o quanto a força, a inteligência e a sensibilidade femininas tornam perfeito o processo e a conclusão de qualquer projeto da área de audiovisual.
>
> ••• LÍGIA QUINTINO

O IMPACTO ATÉ AQUI

Desde a criação do *Talks: mulheres no audiovisual* até o momento, é possível observar resultados expressivos. A cada edição, cresceu o número de mulheres inscritas nos cursos do setor audiovisual da unidade Lapa Scipião, deixando evidente a necessidade de iniciativas como essas. A figura 4.4 mostra uma pesquisa realizada com base nos diários de classe das aulas de operador de câmera e sonoplastia. Trata-se de um comparativo entre os anos de 2023 e 2024, de quantas alunas havia em cada turma a cada semestre.

FIGURA 4.4 – COMPARATIVO DO NÚMERO DE ALUNAS NAS AULAS DE CÂMERA E SONOPLASTIA (2023-2024)

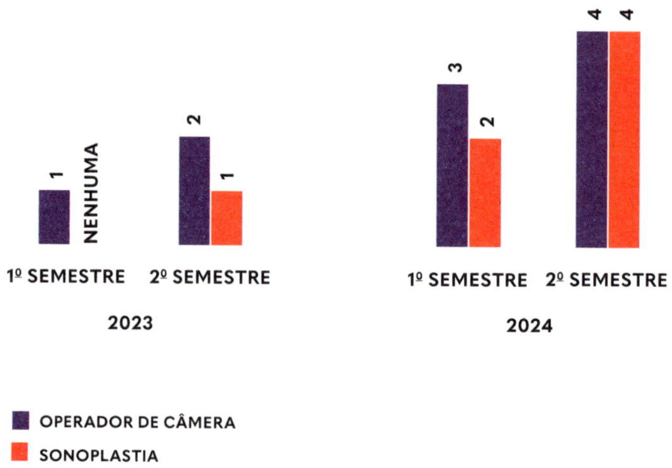

> A troca de experiências gerou discussões importantes dentro da sala de aula, ampliando nossa visão sobre o mercado. Como consequência, surgiram oportunidades, conexões e um senso de comunidade essencial para quem está começando. Os estudantes que participaram desses debates, em breve, farão parte do mercado de trabalho. Eles levarão essa nova perspectiva com eles, ajudando a provocar mudanças e a construir um cenário cada vez mais positivo para as mulheres no audiovisual.
>
> ••• JÉSSICA RUSSO

É por meio da educação e do despertar do espírito empreendedor nas pessoas no sentido de fazê-las desenvolverem suas vidas, carreiras ou negócios, que de fato teremos uma transformação na sociedade e promoveremos, quem sabe, uma mudança cultural.

Arrematando as ideias

O sonho, quando alicerçado em propósito, pode gerar impacto real e transformador. Neste capítulo, você conferiu como surgiu a ideia do *Talks: mulheres no audiovisual* e sua evolução em um projeto escalável, com ações efetivas de inclusão, que mostra a força das iniciativas que unem educação, representatividade e empreendedorismo feminino. Os relatos das participantes e os dados apresentados (como o aumento de mulheres nos cursos técnicos) mostram que a mudança começa quando alguém ousa dar o primeiro passo.

A reflexão proposta é entender que resgatar narrativas silenciadas, dar visibilidade a talentos e construir uma nova história é promover a inclusão de mulheres no audiovisual, de forma que elas não apenas participem, mas também liderem nas mais variadas funções do setor.

A FORÇA FEMININA TRANSFORMA BARREIRAS EM CAMINHOS

CAPÍTULO 5

A FORÇA DO EMPREENDEDORISMO FEMININO

Empreender é transformar ideias em realidade, assumir riscos e criar soluções que impactam vidas. É sobre ter coragem para inovar, mesmo diante das incertezas de um cenário econômico, muitas vezes, nada favorável a quem ousa ter um negócio próprio.

É uma luta diária entre organizar a agenda de prospecção, fazer o planejamento de ações para escalar o empreendimento e ainda atender às demandas da casa e dos filhos, que não são poucas. Todo esse "malabarismo" é enfrentado diariamente por milhares de mulheres que decidem empreender e por aquelas que atuam como intraempreendedoras nas organizações.

Empreender a vida e a carreira é também ter resiliência, que inclusive é uma habilidade muito requisitada nos tempos de hoje. Perceba que essa é uma das características da liderança feminina, aliada a resolver problemas e enxergar oportunidades onde outros não veem. E por que estamos falando disso?

Embora as mulheres tenham essas e outras habilidades, que abordamos em capítulos anteriores, e representem mais da metade da população brasileira, segundo o censo do IBGE (2022), elas ainda enfrentam dificuldades e muitos desafios em relação aos homens quando se fala em abrir um negócio. Segundo a pesquisa, mais de 80% das mulheres que empreendem no Brasil o fazem por necessidade, e grande parte delas são chefes de família, empreendendo informalmente em negócios com pouca inovação como, por exemplo, serviços domésticos e de alimentação. Esse panorama é importante para que possamos ter uma ideia de como o empreendedorismo feminino no Brasil é realizado, e o quão longe podemos chegar se houver políticas públicas de equidade em todos os setores da economia.

Como é o recorte da indústria do audiovisual e da comunicação no mundo do empreendedorismo? Quais são os desafios? E como é a realidade de algumas mulheres que resolveram ter coragem para empreender nesses segmentos? São essas questões norteadoras que vamos abordar neste capítulo.

MULHERES EMPREENDEDORAS NO AUDIOVISUAL

A pouca representatividade feminina no audiovisual reflete a necessidade de uma desconstrução da sociedade, pede narrativas que retratem as reais vozes de um gênero que há muito tem negada – de forma velada – a oportunidade de ter protagonismo em atividades técnicas e em ações decisórias.

Estudos apontam que a equidade de gênero nas várias empresas do setor pode gerar um aumento significativo no Produto Interno Bruto (PIB), pois a questão vai muito além da representatividade: tem a ver com inteligência econômica. Quando mulheres estão em cargos de liderança ou à frente de negócios, existe um aumento considerável no lucro das empresas (Santos, 2025). Isso se deve às habilidades que são características das mulheres – já mencionadas em capítulos anteriores –, como a resiliência e a facilidade de comunicação na resolução de problemas complexos.

Durante a 46ª Mostra Internacional de Cinema de São Paulo, em 2022, foi assinado um acordo entre o movimento +Mulheres e a ONU Mulheres, com representantes de algumas produtoras, que se comprometeram a realizar ações para visibilizar a questão das mulheres no setor e diagnósticos prevendo políticas de inclusão de mais mulheres no mercado audiovisual (Cruz, 2022). Ingrid Rodrigues, produtora e doutoranda na área do cinema, afirma que ao formar profissionais é preciso ter em mente que se trata de um processo de capacitação, tanto na linguagem quanto nas habilidades técnicas.

Criar condições de investimento e permanência na formação técnica para incentivar a formação inicial de mulheres no setor e criar iniciativas que considerem a continuidade da formação de profissionais com mais experiência – essas questões são importantes e envolvem investimentos, políticas públicas e articulações entre gestão pública e privada. Ao mesmo tempo, se tais questões passarem a ser uma preocupação das produções, ações de gestão local podem ser muito efetivas, tais como: considerar criar condições para que profissionais mulheres sejam contratadas em produções audiovisuais e incentivar a inscrição de produções de mulheres em festivais.

••• INGRID RODRIGUES

Segundo reportagem da *Forbes*, 18% dos filmes norte-americanos de maior bilheteria, em 2018 e 2022, foram dirigidos por mulheres, mas esse número caiu para 16% em 2024 (Elsesser, 2025).

No que se refere às mulheres como proprietárias de produtoras de cinema ou de conteúdo midiático de uma forma geral, ainda não há um estudo oficial com dados que mostrem esse cenário, mas podemos mencionar o exemplo de Juliana Lira. A história dela é como a de milhares de mulheres, com dificuldades no início da carreira, até conseguir abrir o seu próprio negócio. Lira começou bem cedo no mundo da comunicação, e só anos mais tarde se apaixonou de vez pelo cinema, área em que atua até hoje:

> Eu fazia publicidade e marketing, tinha apenas 20 anos e já era mãe de duas filhas. Minha mãe, que é publicitária, perguntou a uma conhecida que trabalhava em uma produtora terceirizada da antiga TV Manchete se havia vaga de estágio. Ela nos indicou o dono da produtora, e lá fui eu, acompanhada da minha mãe. Inicialmente, entrei para cuidar da comunicação entre o departamento comercial e a produção, mas, assim que fui recebida pela equipe, me apaixonei pela produção e percebi que marketing não era o meu caminho. Um dia, depois de produzir uma festa para o aniversário de um programa da TV Manchete, meu chefe, Ivaldy Lopes, me disse: "Você vai ser uma grande produtora, precisa investir nisso". Aquilo foi um divisor de águas. Ele era um grande profissional e me acolheu como uma filha, assim como o fez sua esposa, Socorro Baracho, e a repórter Eliane Luna. Eu era quase uma mascote da TV. Foi ali que um portal se abriu na minha mente. Logo mudei de curso e fui para Rádio e TV, acreditando que a comunicação poderia mudar o mundo. Na época, nem pensava em cinema – meu foco era televisão.
>
> ●●● JULIANA LIRA

O caminho para empreender nem sempre é fácil, independentemente do segmento em que se escolha trabalhar, ainda mais sendo mulher. Mas apesar de todas as dificuldades, vale a pena investir nos nossos sonhos!

Falando em mulheres que protagonizam suas vidas e empreendem em seus negócios, citaremos Paola Teles, produtora executiva e proprietária da Slats Audiovisual, consultoria de planejamento estratégico no segmento. Paola tem uma jornada de superação, pois nasceu em uma das comunidades mais violentas do Rio de Janeiro, em um ambiente que, segundo ela, não era muito favorável. Apesar dos obstáculos, ela nunca desistiu e seguiu determinada em protagonizar a sua própria história.

Desde cedo, compreendi que precisaria traçar meu próprio caminho, mesmo que ele não fosse o mais convencional ou linear. Saí de casa aos 15 anos, para buscar algo que não sabia ao certo, mas sabia que tinha um mundo me esperando. Por questões financeiras e circunstâncias da vida, precisei interromper meus estudos cedo para trabalhar. Retomei e terminei o ensino médio por supletivo e, mesmo começando a faculdade com anos de atraso, jamais parei de estudar. Fiz faculdade e diversas especializações. Esse processo me ensinou que ninguém nasce com um roteiro já predestinado a viver e, sim, cada um constrói o seu, no seu próprio tempo, limitações e possibilidades. Se pudesse definir o início da minha trajetória, foi exatamente aí: na perspectiva sobre me reinventar e na certeza de que eu poderia ir além do que o mundo me oferecia. Sempre fui apaixonada por arte, cultura e comunicação em suas mais diversas formas. Desde criança, era apaixonada em como histórias, seja num livro, num quadro, num filme ou na história de alguém, trazem a perspectiva de mudar a forma de pensar e criar conexões.

••• PAOLA TELES

Além de empreendedora do setor audiovisual, Paola também é apaixonada pelo ramo da aviação, no qual está realizando a formação de piloto, o que, segundo ela, tem tudo a ver com o audiovisual. De certa forma, Paola sempre assumiu o leme da sua carreira (na aviação, o leme é responsável por determinar a direção do voo) e conseguiu enfrentar um desafio muito comum entre as mulheres: buscar espaço em ambientes de predominância masculina.

O primeiro passo para quem deseja começar a empreender no audiovisual e na comunicação é entender que organização e planejamento são fundamentais para iniciar o negócio. A partir daí tudo começa a fluir de forma mais estruturada e com uma base mais sólida para lidar com os imprevistos e incertezas do mercado. Gabriela Fernandes, produtora criativa e proprietária da Gabimovie, conseguiu transformar os obstáculos que enfrentou em narrativas que inspiram mulheres a trilhar o caminho do audiovisual.

> Ao decidir dar esse passo, sabia que estava abraçando uma paixão, mas também enfrentando um mundo repleto de desafios, especialmente por ser mulher em um setor ainda predominantemente masculino. A construção de um modelo de negócio sustentável revelou-se outro grande desafio. A concorrência no audiovisual é feroz, e, como mulher diretora, enfrento desafios ainda maiores em reuniões com clientes e na busca por fechar negócios. Um dos maiores aprendizados foi entender que contar histórias não se resume à técnica, mas envolve conexão. Cada projeto se tornou uma oportunidade de mostrar que é possível conquistar espaço e fazer a diferença.
>
> ••• GABRIELA FERNANDES

Quando falamos em oferecer oportunidades a outras mulheres para que adquiram experiência e se aperfeiçoem no setor, Gabriela está à frente: ela prioriza contratar força de trabalho feminina para os projetos que realiza.

Ter a missão de destacar histórias de protagonismo feminino no audiovisual é também uma oportunidade de aprendizado, pois empreender nesse setor é, de certa forma, vencer preconceitos e construir narrativas que oportunizem políticas públicas, além de iniciativas de empresas privadas para fomentar a participação feminina e, assim, abrir caminhos para aquelas que vierem depois.

FORMAS DE EMPREENDEDORISMO FEMININO NO AUDIOVISUAL

Há várias formas de as mulheres empreenderem no audiovisual, seja como criadoras de conteúdo, diretoras de cinema, gestoras ou em outras funções técnicas, já que uma das características da força de trabalho da mulher é a inovação. É fundamental mantermos nossas mentes abertas para enxergar novas oportunidades dentro do nosso campo de atuação. Veja a seguir exemplos de formas criativas e inovadoras de empreender no audiovisual.

Das salas de cinema para o conteúdo digital

O streaming ganhou o mercado de forma acelerada, aumentando a demanda por conteúdos digitais. Com isso, abriu-se espaço para que as mulheres criassem seus próprios canais de comunicação, ampliando a visibilidade de seus trabalhos no setor audiovisual. Como exemplos, temos:

- **CANAIS NO YOUTUBE E PODCASTS:** conteúdos voltados para cinema, TV e crítica audiovisual.
- **SERVIÇOS DE STREAMING INDEPENDENTES:** narrativas com foco em diversidade e inclusão.
- **CONTEÚDOS PARA REDES SOCIAIS:** web séries e vídeos curtos com linguagem mais coloquial e dinâmica.

Produção independente

Atualmente, com todo o universo de possibilidades do mundo digital, não existe mais a necessidade de trabalhar somente em produtoras de grande porte no audiovisual para adquirir experiência e/ou empreender no setor:

- **HUBS DE COCRIAÇÃO E PRODUTORAS:** muitas mulheres começam a empreender criando hubs com profissionais de diversas funções no audiovisual e da comunicação, para realizar trabalhos como curtas, documentários e longas-metragens.
- **IDEAÇÃO DE MOSTRAS:** estruturar a ideação de um circuito alternativo voltado exclusivamente para mostra de filmes com narrativas femininas também é uma ótima opção para fomentar

a visibilidade da mulher no audiovisual e fazer disso uma força de trabalho.

Storytelling para empresas

Como a criatividade também é considerada uma das características do perfil feminino, elas têm se destacado no mundo corporativo ao realizar atividades que envolvem muita pesquisa e escrita criativa:

- **PRODUÇÃO DE BRANDED CONTENT:** narrativas audiovisuais diferenciadas para criação de vídeos institucionais e campanhas de marketing, com o objetivo de aumentar a conexão das empresas com o seu público-alvo.
- **CURADORIA DE CONTEÚDOS ESG:**[1] muitas empresas do mundo corporativo têm preferido contratar mulheres, justamente por elas terem um olhar mais empático para pautas como diversidade e equidade de gênero, temas que atualmente fazem parte da agenda 2030.

Além dessas opções, há também os editais afirmativos, que são iniciativas públicas ou privadas com o objetivo de promover a igualdade de gênero no audiovisual. A Empresa de Cinema e Audiovisual de São Paulo (Spcine), iniciativa da prefeitura da capital paulista com foco no desenvolvimento dos setores de cinema, TV, games e novas mídias, investe em projetos por meio desses editais, o que é uma ótima oportunidade para as mulheres que buscam investimentos para a realização de projetos independentes.

Existem essas e muitas outras possibilidades para as mulheres começarem a empreender na indústria do audiovisual, abertas para pensar "fora da caixa", a fim de enxergar oportunidades de mercado diante das novas tecnologias e demandas de consumo da sociedade.

1 ESG é a sigla em inglês para "Environmental, Social, and Governance" (ambiental, social e governança). Essa abordagem avalia de que forma uma corporação integra critérios ambientais, sociais e de governança em seus processos de tomada de decisão.

Acredita-se que o *Talks* e projeto *Mulheres no audiovisual* sejam impulsionadores e formas de empreendedorismo feminino no setor, os quais encorajam vozes e também inspiram as mulheres, reforçando que elas podem, sim, chegar onde quiserem.

> Projetos como o *Mulheres no audiovisual* mostram que o empreendedorismo pode ser uma ferramenta poderosa para transformar setores inteiros, como o audiovisual, que ainda enfrenta desafios de equidade. Criar espaços de capacitação, troca de experiências e conexão com o mercado não é apenas necessário – é urgente.
>
> ••• CAMILA ONO

DICAS PRÁTICAS SOBRE COMO INICIAR E MANTER NEGÓCIOS BEM-SUCEDIDOS NA COMUNICAÇÃO E NO AUDIOVISUAL

Mas, afinal, de que forma começar a empreender no audiovisual?

Todo negócio nasce com o objetivo de gerar dinheiro, não importa o segmento de mercado. Quando a conta fecha, é possível começar a entender se a ideia que você teve, o tipo de empreendimento que resolveu abrir, vai dar certo. Antes disso, é preciso organizar as ideias, planejar, estruturar um modelo de negócio, abrir um MEI,[2] estudar a concorrência, identificar qual o seu diferencial, ter uma estrutura básica para começar, e depois ir para o mundo do empreendedorismo. E mesmo que comece de forma autônoma é importante olhar para o trabalho que esteja realizando como um negócio.

---

2 MEI é a sigla para Microempreendedor Individual, um regime tributário simplificado que permite a formalização de pequenos negócios com benefícios como cobertura previdenciária.

No livro *Empreendedores inteligentes enriquecem mais* (2016), Gustavo Cerbasi conta que qualquer empreendimento, mesmo público ou sem fins lucrativos, só deve ser iniciado quando se mostra a viabilidade econômica, ou seja: não basta ter paixão pelo que faz; ao fazer as contas, o negócio precisa sustentar a sua atividade.

> Uma atividade empreendedora é também uma oportunidade de garantir a independência financeira, pois administrando-a com a consciência voltada para resultados, ela pode se tornar uma fonte segura de renda crescente, o que hoje é mais que desejável. E, a não ser que você tenha planos para privar-se de suas escolhas no futuro, ter rendimentos sempre crescentes ao longo da vida é uma necessidade básica (Cerbasi, 2016, p. 16).

Quando olhamos para o mercado da comunicação e do audiovisual, percebemos que muitos profissionais abrem um negócio de modo informal, sem emitir nota fiscal ou fazer qualquer contrato para a realização do trabalho. E essa informalidade acaba fazendo com que o empreendimento corra o risco de não escalar – ou seja, expandir, aumentar sua capacidade de crescimento de uma maneira sustentável – da forma como deveria. Há alguns anos não havia, nos cursos de comunicação social e audiovisual, disciplinas relacionadas ao empreendedorismo. Atualmente há alguns cursos de bacharelado, técnicos e de qualificação profissional que já abordam esse tema. Na realidade, se pararmos para analisar, na história da sociedade, as pessoas sempre foram ensinadas a estudar, se formar e a trabalhar na empresa de outra pessoa. Muitos profissionais que querem empreender precisam buscar cursos sobre empreendedorismo, contratar mentorias com especialistas em gestão de negócios, participar de workshops e ler muito sobre o assunto. E claro, passar por algumas situações – entre erros e acertos – para conseguir encontrar o equilíbrio entre a paixão pelo que faz e a sustentabilidade real do empreendimento. Quando falamos em cinema, além da qualidade artística do material, é necessário haver, também, viabilidade comercial. Os passos apresentados na figura 5.1 são essenciais para quem deseja abrir um negócio nas áreas de comunicação ou produção de conteúdo audiovisual.

FIGURA 5.1 – ETAPAS PARA ESCALAR O EMPREENDIMENTO

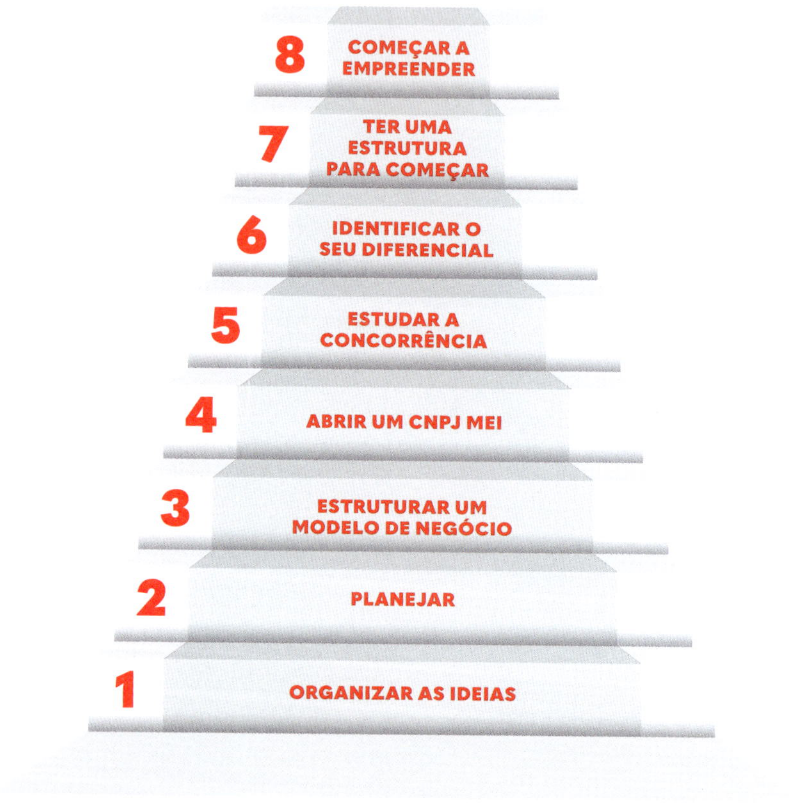

Fonte: adaptado de Sebrae (Conheça [...], 2022).

1. **ORGANIZAR AS IDEIAS:** antes de iniciar um negócio é fundamental definir quais os serviços que você deseja oferecer, quem será o seu público-alvo e quais são as soluções que pretende entregar para o seu cliente.

2. **PLANEJAR:** decisões tomadas pela intuição fazem com que qualquer empreendimento esteja destinado a não dar certo! Por isso a importância de planejar: essa ação limita os riscos e faz com que você crie um plano de ação com base em pesquisa de mercado e determine os passos para iniciar o negócio.
3. **ESTRUTURAR UM MODELO DE NEGÓCIO:** mapear os meios para a empresa atingir o seu objetivo de mercado, mostrar os principais aspectos do seu empreendimento, como proposta de valor, canais de distribuição, relacionamento com clientes, fontes de receita, entre outros. Para ajudar nessa tarefa existe o business canvas, uma ferramenta que funciona como um mapa visual com componentes básicos que envolvem a modelagem de um negócio (Canvas [...], 2019). O Business Model Canvas permitirá fazer a ideação de um plano de negócios sólido e poderá ser adaptado, por exemplo, para fazer o modelo de negócio de um curta-metragem, documentário, filme ou, ainda, utilizado em um projeto de comunicação a ser implementado no mundo corporativo.
4. **ABRIR UM CNPJ MEI:** considerada uma forma simples de abrir uma empresa quando se está empreendendo pela primeira vez, é a formalização do seu negócio como microempreendedor individual.

DICA

Existe um portal do Governo Federal que visa esclarecer as dúvidas de empreendedores sobre como realizar essa formalização. Acesse pelo QR code ao lado.

5. **ESTUDAR A CONCORRÊNCIA:** conhecer seus concorrentes, estudar como atuam no mercado, analisar quais as estratégias de marketing e de preços que eles praticam, ajuda a identificar as suas oportunidades de mercado.
6. **IDENTIFICAR O SEU DIFERENCIAL:** pensar em formas criativas e inovadoras de oferecer um produto ou serviço. Falando em empreendimentos no setor audiovisual, essas ações se fazem ainda mais necessárias, visto que os avanços tecnológicos nesse segmento são dinâmicos. Lembre-se: seu diferencial não precisa ser inédito, mas valioso e percebido pelo mercado. Como inovar na produção do conteúdo e entregá-lo ao cliente? Como isso agrega valor ao seu negócio? Seu diferencial deve resolver um problema real com autenticidade. Converse com clientes, analise concorrentes e identifique uma oportunidade.
7. **TER UMA ESTRUTURA PARA COMEÇAR:** pensar, enquanto produtora audiovisual, sobre o que será necessário inicialmente para atender aos seus clientes, por exemplo: equipamentos, locação, equipe e transporte, entre outros itens fundamentais de acordo com o seu modelo de negócio.
8. **COMEÇAR A EMPREENDER:** empreender é planejar, estudar o mercado e partir para a ação! Nos relatos vistos até aqui das empreendedoras que iniciaram o seu negócio no audiovisual, percebemos que a jornada empreendedora é cheia de obstáculos. É preciso ter muita resiliência, preparo técnico e determinação para manter firme o propósito pelo qual o empreendimento teve início.

Além de essenciais para quem quer começar a empreender nos mais variados segmentos do mercado, essas práticas servem também para as empresas que já foram criadas mas ainda não descobriram como ser sustentáveis no mercado. No caso de uma empresa do audiovisual, é necessário ter um planejamento bem estruturado e recursos para conseguir se tornar competitiva e, assim, ser vista pelos fundos de investimento e fomento no setor.

Trabalho para apoiar pequenas e médias produtoras independentes, especialmente aquelas que realizam projetos autorais e enfrentam dificuldades para se inserir na indústria altamente competitiva. Acredito que cada história tem um valor único, mas muitas delas não chegam ao público por falta de estrutura, planejamento ou acesso aos recursos certos. Meu papel é transformar essas ideias em projetos concretos, oferecendo suporte estratégico para que esses produtores consigam financiar, produzir e distribuir seus conteúdos. Para mim, mais do que um trabalho, isso é um compromisso com a diversidade de vozes e narrativas que constroem a cultura audiovisual brasileira.

••• PAOLA TELES

Embora as mulheres estejam ganhando cada vez mais espaço na indústria do audiovisual, sua presença ainda não é significativa em postos de liderança ou na direção de longas-metragens. E quando falamos em empreendedorismo feminino no setor, essa representatividade é ainda menor. Por isso a busca pela qualificação profissional deve ser constante, não só por conhecimento técnico, mas também por cursos com foco em gestão de projetos e de pessoas.

COMO MONETIZAR O TRABALHO E INICIAR NA CARREIRA: POR ONDE COMEÇAR?

Prestação de serviços

Ofereça serviços como edição de vídeo, roteirização, direção de arte, produção, mídias sociais, entre outros. Exemplo: produção de vídeos para pequenos negócios ou criadores de conteúdo.

DICA

Crie um portfólio com seus melhores trabalhos! Utilize plataformas de mercado de trabalho para empreendedores ou grupos de redes sociais para fazer a divulgação.

Conteúdo de marca

Conteúdo patrocinado por marcas com narrativa criativa e foco em engajamento, que faça conexão com histórias reais. A ideia é propor roteiros de impacto para ONGs, marcas locais ou influenciadores. Exemplo: um minidoc – forma compacta de documentar uma história, registrar uma iniciativa social, ou ainda uma ação da marca com temas relevantes para engajar o público – sobre mulheres empreendedoras patrocinado por uma empresa de tecnologia.

Parcerias com produtoras

Comece oferecendo o seu trabalho como roteirista, diretora, produtora, operadora de câmera e demais funções técnicas em projetos de outras produtoras. Dessa forma você vai adquirir experiência e sentir se realmente é a área na qual deseja ingressar. Conecte-se em redes sociais do setor, participe de festivais, eventos e grupos de audiovisual, sem esquecer de ter uma apresentação rápida do seu perfil e uma proposta de valor.

Editais e leis de incentivo

Muitos editais públicos e privados buscam projetos com diversidade, inovação e impacto social. Acompanhe portais como os do Ministério da Cultura, da Spcine e do ProAC, além de sites de empresas privadas que realizam ações de investimento em projetos culturais. Estruture projetos com propostas claras, cronograma e orçamento.

DICA
Editais em geral:

- Ministério da Cultura: https://www.gov.br/cultura/pt-br
- Spcine: https://spcine.com.br/
- ProAC: https://www.cultura.sp.gov.br/sec_cultura/Fomento/Portal_do_Fomento
- Femina (Festival Internacional de Cinema Feminino): https://feminafest.com.br/

A FORÇA DAS REDES DE APOIO E DOS COLETIVOS FEMININOS

Feminismo é um movimento que busca garantir igualdade de direitos e oportunidades entre mulheres e homens. Tem por objetivo combater diferentes formas de desigualdade, como a disparidade salarial e a baixa representatividade feminina no mercado de trabalho, além de promover o empoderamento das mulheres e a valorização de suas vozes na sociedade.

Mulheres impulsionam outras mulheres

As redes de apoio e coletivos femininos desempenham um papel essencial no fortalecimento e no protagonismo das mulheres no mercado de trabalho. Além de promover a troca de experiências e aprendizados, esses espaços também criam um ambiente seguro onde as mulheres podem compartilhar desafios e conquistas para desenvolverem narrativas potentes e abrir caminhos umas para as outras.

Um exemplo é a Rede Mulher Empreendedora (RME), que realiza ações coletivas oferecendo capacitação e proporcionando redes de contato e conexão que podem transformar a realidade de muitas mulheres. É uma rede voltada para auxiliar mulheres em busca de oportunidades e novas formas de potencializar umas às outras a empreenderem seus negócios e suas carreiras.

Na comunicação e no audiovisual, setor em que a representatividade feminina é menor, ações como as do Instituto +Mulheres são ainda mais necessárias. Essas iniciativas são comprometidas em trazer soluções, agindo ativamente em fóruns, realizando pesquisas e ações para a criação de políticas públicas que busquem a inclusão e a equidade de gênero em cargos de liderança no audiovisual. O grupo também conta com uma plataforma de cadastro de profissionais da área. Débora Ivanov, além de produtora audiovisual, é muito atuante em fomentar políticas públicas para a representatividade feminina no setor. Ela faz parte da diretoria do Instituto +Mulheres e fala sobre as mulheres ainda serem minoria em cargos de liderança.

> Grande parte desses conteúdos representam as mulheres de maneira desigual e são repletos de estereótipos. Essas narrativas e imagens consolidam no inconsciente coletivo uma visão de mundo em que as mulheres não têm os mesmos direitos, tampouco podem almejar as mesmas posições. Como elas estão pouco presentes na liderança criativa dessa indústria, esse desequilíbrio, já partindo do ponto de vista de quem elabora as narrativas, mantém um ciclo

vicioso que restringe perspectivas e perpetua preconceitos. Para mudar a realidade nas telas é preciso mudar a realidade por trás das telas.

••• DÉBORA IVANOV

Conforme citado em capítulos anteriores, entre as principais características do trabalho feminino, destaca-se a habilidade que as mulheres têm de serem colaborativas e de promoverem o apoio e a cooperação no desenvolvimento das pessoas, bem como a conexão entre mulheres que não teriam oportunidade de se conhecer se não fosse por meio desses coletivos e redes de apoio.

Dados que comprovam esse protagonismo colaborativo e que evidenciam as ações femininas no audiovisual e na comunicação foram divulgados no site do Instituto +Mulheres, segundo o qual 65% das mulheres atuam como diretoras de associações e sindicatos. Grande parte, 71%, se concentram no estado de São Paulo. As atividades principais em que as diretoras atuam: 44% são da área de produção; 18%, de direção; 12%, na distribuição de festivais, e a mesma porcentagem nas áreas de pesquisa; 8% na gestão pública e 6% no jornalismo.

Existem muitos outros coletivos de mulheres, em várias regiões do país, que têm o intuito de fomentar a produção audiovisual por meio de capacitação, fóruns e mostras de filmes independentes, auxiliando de diferentes formas para as narrativas femininas ganharem cada vez mais espaço nesse mercado com poucas falas femininas nas tomadas de decisões. O interessante é a diversidade de áreas em que esses coletivos estão atuando, buscando no nicho relacionado a cada área de atuação potencializar as vozes e entender as suas necessidades de mercado. Destacamos, a seguir, algumas dessas redes.

Coletivo Mulheres em Série

O propósito desse coletivo é idealizar histórias e produções de narrativas transmídias, abordar questões com foco em diversidade, acessibilidade e inclusão e dar visibilidade às vozes periféricas. Algumas ações realizadas por esse coletivo merecem destaque, como a websérie *Mulheres em série transmídia* (2023-2024) e a produção do minidoc *Acolhimento* (2024).

Mulher Anima

Realiza conteúdos e atividades com o objetivo de fomentar a participação das mulheres na animação em diversos formatos e linguagens no Brasil, além de pesquisas e eventos sobre o tema animação voltados para o público feminino.

Grupo de Apoio às Mulheres no Audiovisual (GAMA)

É uma rede de escuta e acolhimento em relação à violência de gênero no audiovisual que busca proporcionar um ambiente seguro para que as mulheres consigam conversar, se apoiar e enfrentar juntas os desafios e pensar em possíveis soluções.

Mulheres Trabalhadoras das Imagens em Movimento (MUTIM)

A associação foi criada em Portugal no final da pandemia de covid-19 por mulheres que sentiram a necessidade de debater sobre a falta de uma organização que buscasse a paridade e representatividade feminina no cinema e audiovisual.

Herdeiras de Glória Maria

O coletivo é composto por mulheres negras da área da comunicação, entre repórteres, apresentadoras, editoras e produtoras. A iniciativa propõe um espaço de escuta ativa, apoio mútuo e troca de experiências, fortalecendo a presença e a representatividade dessas profissionais no setor.

> Ter uma rede de apoio faz uma grande diferença na carreira profissional das mulheres. Eu, por exemplo, faço parte de um coletivo de mulheres negras chamado Herdeiras de Glória Maria e, apesar de ter entrado há pouco tempo, já sinto a diferença. Nós tivemos um encontro no fim do ano em que trocamos experiências e nos aconselhamos. Ouvir histórias de mulheres parecidas comigo fortalece a minha resiliência.
>
> ●●● PRISCILA CAMAZANO

Essas iniciativas não apenas promovem o crescimento individual, como também contribuem para a construção de uma rede de mulheres com um amparo social mais fortalecido. Segundo Elisângela Marques, essas redes funcionam como um ponto de conexão entre mulheres que, de outra forma, não teriam a chance de se conhecerem e trocarem experiências e dicas sobre a carreira: "Essas iniciativas ajudam a reduzir a sensação de isolamento, que é muito comum em áreas predominantemente masculinas, como a comunicação", afirma a jornalista.

Arrematando as ideias

As vozes dessas mulheres que apresentamos no decorrer do livro fazem parte de um esforço coletivo de mulheres que contam um pouco de suas experiências, anseios e desafios para contribuir com algo maior: inspirar outras mulheres a seguirem seus sonhos e não desistirem quando encontrarem um cenário não muito receptivo à participação feminina em suas áreas de atuação.

As mulheres constroem suas próprias redes de apoio e se apoiam, primeiramente, nelas mesmas. É preciso que acreditem em sua força interna e que sigam abrindo o caminho para aquelas que vierem depois, e que consigam ser cada vez mais livres em suas escolhas, como enfatiza Simone de Beauvoir:[1] "Que nada nos defina, que nada nos sujeite. Que a liberdade seja a nossa própria substância, já que viver é ser livre".

O empreendedorismo feminino no audiovisual revela uma força impactante. Sejam produtoras, diretoras, criadoras de conteúdo, consultoras ou líderes de coletivos, essas mulheres não apenas ampliam a representatividade no setor, como também transformam narrativas e constroem espaços de visibilidade para outras que virão. A criação de redes de apoio e iniciativas como o *Talks* e o projeto *Mulheres no audiovisual* mostram que a caminhada pode ser coletiva.

Ao longo deste capítulo, mergulhamos nas histórias de mulheres que ousaram construir seus próprios caminhos, enfrentando desafios com criatividade, resiliência e propósito.

A reflexão que fica é que a potência feminina está na capacidade de se unir, compartilhar conhecimento e de contribuir umas com as outras.

---

1 Simone de Beauvoir (1908-1986), filósofa e escritora francesa, foi uma das precursoras do movimento feminista do século XX. Ela defendia a igualdade nas relações de trabalho entre homens e mulheres. Beauvoir foi fundamental na inspiração de ideias no conceito que conhecemos hoje como protagonismo feminino.

ATIVIDADE

Checklist de empregabilidade para mulheres no audiovisual

A proposta desta atividade é ajudar você a entender os passos essenciais para se posicionar no mercado audiovisual – seja como profissional autônoma, empreendedora ou parte de uma equipe – ao mesmo tempo que organiza o seu planejamento de carreira, permitindo visualizar com clareza seus pontos fortes, áreas de desenvolvimento e oportunidades reais de crescimento e aprimoramento profissional.

AUTOCONHECIMENTO E POSICIONAMENTO PROFISSIONAL

- Identifique suas habilidades técnicas (p. ex.: edição, roteiro, produção, direção).
- Reconheça suas habilidades interpessoais (p. ex.: comunicação, liderança, criatividade).
- Defina seu nicho de atuação dentro do audiovisual.
- Reflita sobre seus valores e o tipo de projeto em que deseja participar ou liderar.

PORTFÓLIO E APRESENTAÇÃO PESSOAL

- Atualize seu currículo com foco em experiências audiovisuais.
- Organize um portfólio on-line com vídeos, fotos ou links de trabalhos.
- Crie um perfil profissional nas redes digitais.
- Escreva um pitch profissional eficaz (quem você é, o que faz e aonde quer chegar).
- Produza um vídeo do seu pitch (de até 1 minuto).
- Crie um cartão digital com seus contatos e redes profissionais.

FORMAÇÃO E CAPACITAÇÃO

- Participe de cursos técnicos e oficinas (presenciais e/ou on-line).
- Busque por mentorias e formações voltadas para mulheres no setor.
- Leia sobre tendências do audiovisual (plataformas, formatos, linguagem).
- Estude editais, leis de incentivo e políticas públicas de fomento.

CONEXÕES E REDES DE APOIO

- Faça parte de coletivos e grupos femininos do setor.
- Participe de eventos, feiras e painéis de discussão sobre audiovisual.
- Siga profissionais referências nas redes sociais e interaja com suas publicações.
- Procure oportunidades de estágio, voluntariado ou coproduções independentes.

ACOMPANHAMENTO: DESENVOLVIMENTO CONTÍNUO

- Estabeleça metas de curto, médio e longo prazo.
- Mantenha-se atualizada sobre novas ferramentas, tendências e tecnologias.

VOCÊ É O QUE COMUNICA!

CAPÍTULO 6

A ARTE DA COMUNICAÇÃO NA LIDERANÇA FEMININA

NICA!

Em um mundo em que a liderança geralmente é associada a palavras como força, assertividade e presença, a comunicação se apresenta como a ferramenta mais poderosa que uma mulher no cargo de líder tem ao seu dispor. Contudo, para muitas, tentar comunicar-se de forma eficaz, sem perder a sua essência, é um dos maiores desafios na carreira. Não se trata apenas de falar bem – tem a ver com encontrar o tom certo, a postura correta para liderar e influenciar pessoas e, com isso, desenvolvê-las, auxiliando no seu processo de crescimento profissional e pessoal. Tudo isso acontece, grande parte das vezes, em ambientes que não foram estruturados para acolher as mulheres.

Como é possível que isso ocorra no mundo de hoje? Tantas mulheres talentosas, entre as quais grande parte é especialista em sua área de atuação, ainda enfrentarem barreiras para serem ouvidas? Como suas palavras e suas ideias ainda têm de passar por camadas de sexismo e rejeição para serem entendidas e validadas? Uma das respostas pode estar na comunicação, não só como uma habilidade, mas como uma estratégia para conquistar um lugar que sempre foi das mulheres.

COMUNICAR É LIDERAR

A comunicação é um instrumento de transformação social: ela não apenas informa, mas também molda comportamentos, influencia padrões de consumo e promove mudanças estruturais no ambiente organizacional. Portanto, o impacto da comunicação não se limita às palavras, mas atribui a elas a capacidade de transformar indivíduos e coletivos. Diante disso, torna-se essencial que profissionais da área estejam em constante atualização, buscando especializações que ampliem sua atuação. Investir em conhecimentos relacionados à liderança, gestão de pessoas e inovação fortalece a capacidade estratégica dos profissionais. Além disso, aprofundar-se em abordagens como a comunicação não violenta (CNV)[1] permite a construção de relações mais empáticas e assertivas que impactam e influenciam as formas de consumo da sociedade e promovem a mudança do *status quo* no mundo organizacional. Isso faz muito sentido quando pensamos em desenvolver uma comunicação assertiva voltada para as melhores práticas no relacionamento pessoal e no mundo do trabalho. Essas são, inclusive, práticas fundamentais para quem quer desenvolver a liderança de forma efetiva e, ao mesmo tempo, engajadora.

1 CNV é um método de comunicação que visa estabelecer conexões sinceras e empáticas entre as pessoas, desenvolvida pelo psicólogo americano Marshall Rosenberg na década de 1960.

Segundo Marshall Rosenberg, em seu livro *Comunicação não violenta: técnicas para aprimorar relacionamentos pessoais e profissionais* (2021), os quatro principais pilares da CNV são:

1. **OBSERVAÇÃO:** observar de forma efetiva os fatos, sem críticas ou juízo de valor. Essa abordagem ajuda a evitar conflitos, abrindo espaços para conversas mais construtivas.
2. **SENTIMENTOS:** confiar e expressar as nossas emoções de forma responsável, deixando claro para o outro como nos sentimos.
3. **NECESSIDADES:** deixar claro quais são as suas necessidades com determinada ação que você esteja designando a alguma pessoa. Expressar de forma assertiva o porquê daquela tarefa e respeitar as necessidades do outro para aquela entrega de trabalho.
4. **PEDIDOS:** saber pedir, expressar de forma positiva e clara como gostaria que uma tarefa fosse realizada, sem esquecer de entender as necessidades da outra pessoa. Isso requer um ponto de atenção: quando estiver em dúvida, se pergunte: "estou fazendo um pedido ou uma ameaça?". Preste atenção no tom de voz, se está se comunicando de forma agressiva ou mais tranquila e assertiva. O ideal não é atuar de modo incisivo, mas pontual e empático (sobre esse último ponto, falaremos um pouco mais adiante).

CARACTERÍSTICAS DA COMUNICAÇÃO FEMININA

De acordo com estudos desenvolvidos em conjunto com a ONU Mulheres Brasil e a Rede Brasil do Pacto Global[2], a comunicação é um direito essencial para o empoderamento feminino (ONU Mulheres Brasil; Rede Brasil do Pacto Global, 2017).

As mulheres, em posição de liderança ou não, têm a habilidade de se conectar com outras pessoas, utilizando-se de empatia, resiliência e espírito colaborativo de forma natural, pois são características da essência feminina. Quando tudo isso é aplicado à liderança – nos mais diferentes segmentos – é possível analisar os benefícios que trazem para o ambiente de trabalho, tornando-o mais engajado e proporcionando espaço para o desenvolvimento da liderança feminina. Nos relatos de mulheres em cargos de liderança mostrados neste livro é interessante e construtivo observar as mais diversas experiências e impressões. As lideranças femininas conseguiram ampliar sua visibilidade em todos os meios de produção da sociedade; no entanto, é preciso garantir a elas o direito de conseguirem se expressar e comunicarem as suas ideias e projetos e em todos os níveis hierárquicos do sistema organizacional.

2 Baseada na cartilha oficial global dos WEPs (Princípios de Empoderamento das Mulheres, na sigla em inglês), seu principal objetivo é ilustrar cada um dos sete princípios básicos como exemplos práticos e adequados ao contexto brasileiro.

Por isso, abordar os benefícios das habilidades desenvolvidas pelas mulheres e potencializadas por meio da comunicação é fundamental para evidenciar o poder transformador que suas vozes carregam.

> Acredito que a comunicação é uma ferramenta poderosa para educar e transformar mentalidades. Muitas coisas não foram ensinadas a nós, e menos ainda aos homens, como a importância de tratar as mulheres com respeito e sem estereótipos. No audiovisual, já tive que criar cartilhas explicando que formas de tratamento como "meu amor", "linda" e "meu anjo" podem parecer gentis, mas na verdade reforçam preconceitos velados. Tive que ser firme em diversos momentos, estabelecendo limites e exigindo respeito. Isso é fundamental, porque, no fundo, comunicação assertiva e diálogo constante são essenciais para desconstruir comportamentos machistas e transformar ambientes de trabalho.
>
> ••• JULIANA LIRA

A empatia transforma

Acredita-se que a empatia é uma das habilidades mais poderosas que um líder pode ter, e é cientificamente comprovado que as mulheres são muito mais empáticas do que os homens. Quando atrelamos esse atributo à comunicação, uma mulher em uma posição de liderança desenvolve a capacidade de entender e se conectar às emoções e necessidades da sua equipe de uma forma mais natural. A empatia não apenas ajuda a criar laços mais estreitos, mas também estabelece um ambiente de trabalho seguro, onde os colaboradores se sentem à vontade para compartilhar suas ideias e preocupações e, por consequência, se tornam mais engajados e produtivos.

Resiliência como ferramenta de comunicação

A resiliência, quando relacionada à comunicação, torna-se uma importante ferramenta para lidar com críticas e/ou rejeição. Mesmo quando houver oposição, a pessoa resiliente será capaz de apresentar sua ideia de forma eficaz e objetiva, ou seja, trata-se de uma prática de inteligência emocional. Segundo Goleman (2012), a empatia cognitiva é a habilidade de entender o ponto de vista da outra pessoa sem se deixar abalar pelas adversidades.

Colaboração para potencializar resultados

Outra característica essencial da comunicação feminina é o senso de colaboração, que pode ser convertido para a receptividade de uma variedade de opiniões e ideias estabelecidas em um contexto em que a criatividade é incentivada. Com isso, também é possível influenciar os colaboradores a trazerem soluções mais inovadoras.

A partir desses aspectos é possível perceber que as pessoas que agem com olhar empático, escuta ativa e aplicam as práticas da inteligência emocional cognitiva atreladas à comunicação não violenta constroem um ambiente com menos mal-entendidos e estabelece relacionamentos mais saudáveis. Quando falamos em liderança comunicadora, focada nas características femininas, faz todo sentido sugerir a ilustração a seguir:

FIGURA 6.1 – CARACTERÍSTICAS DA COMUNICAÇÃO FEMININA

É importante destacar que a autoconfiança é fundamental para construir credibilidade na fala, com a qual você irá impactar a sua equipe. Comunicar vai muito além de saber fazer gestos com as mãos ou ter uma postura corporal adequada – que são itens fundamentais; trata-se de conseguir desenvolver inteligência comunicacional, que é a capacidade de planejar e transmitir as informações de forma estratégica. É conseguir aplicar alguns conceitos e habilidades para ter maior assertividade no momento de comunicar alguma demanda de trabalho ou apresentar um projeto. O importante é criar um ambiente em que todos se sintam não apenas valorizados, mas também incluídos. Assim, o objetivo mais importante é assegurar um espaço em que as pessoas possam sentir-se bem-vindas à equipe, bem como implementar a diversidade e o encorajamento de cada colaborador para partilhar a sua experiência.

ESTRATÉGIAS PARA DESENVOLVER A ASSERTIVIDADE E A AUTOCONFIANÇA NA COMUNICAÇÃO

No fim, de certa forma, tudo tem a ver com comunicação! Como essa é uma das principais habilidades das mulheres no mundo corporativo, é importante falar sobre a liderança comunicadora. Embora muitas executivas, líderes de equipes e até CEOs sejam extremamente competentes em suas áreas, podem ter dificuldades no momento de passar um feedback ou comunicar as demandas diárias às suas equipes.

Uma liderança comunicadora é definida por sua capacidade de fornecer informações de maneira clara, inspiradora e eficaz. Para ajudar você a desenvolver assertividade na comunicação com equipes, seguem algumas dicas baseadas nos estudos de Dale Carnegie (2018) e no livro *TED: falar, convencer, emocionar: como se apresentar para grandes plateias*, de Carmine Gallo (2014).

Autoconhecimento

Saber quais são suas crenças e limitações ajuda você a comunicar suas ideias com clareza e confiança. Dessa forma, é possível determinar quais são as atitudes e ações que irão melhorar a sua comunicação.

Escuta ativa

Preste atenção quando o outro estiver falando com você. A escuta ativa envolve todos os sentidos! Mantenha o olhar na outra pessoa; isso serve para a linguagem corporal também. Procure estar sempre de frente para quem estiver falando com você.

Saiba o que vai falar

Tenha clareza sobre o que deseja transmitir. Estruture o conteúdo de forma clara e direta, com objetividade.

Tom de voz

Não é tanto o que diz, mas como você diz é que faz toda a diferença! Por isso, procure falar com clareza: nem muito rápido, nem muito devagar. Evite tons agressivos. Busque sempre o equilíbrio!

Inteligência comunicacional

É a capacidade de planejar sua mensagem de maneira estratégica, clara e eficiente, sem causar ruídos ou falhas na comunicação, e com isso construir parcerias sólidas com as pessoas.

Feedback contínuo

Forneça feedback construtivo regularmente, ajudando os colaboradores a considerarem pontos fortes e áreas de melhoria.

Prepare-se!

O ideal é sempre organizar e estudar o conteúdo que vai apresentar nas reuniões, principalmente quando for falar sobre um projeto ou uma ideia a ser validada. Preparar-se faz aumentar a confiança e transmite mais credibilidade nos argumentos.

Pratique constantemente

Desafie-se a participar de reuniões em que precise utilizar argumentos ou tomar a palavra em ambientes desafiadores.

Persuasão

É a arte de convencer por meio de argumentos sólidos, pelo tom de voz, considerando os pontos de vistas de todos da equipe. É importante destacar que persuasão vem do latim *persuadere*, que significa "levar a crer", ou seja, convencer outra pessoa sobre a sua ideia. É a capacidade de inspirar pessoas!

Oratória

A oratória, em sua essência, é a arte de comunicar de forma eloquente e persuasiva. Além disso, não se trata apenas do uso eficaz da linguagem, mas também de conseguir desenvolver uma expressão facial assertiva, ter uma entonação vocal precisa e saber escolher as palavras para a construção de um discurso impactante.

A oratória é uma habilidade que transcende a simples comunicação verbal: consiste em adquirir o domínio da escuta ativa e uma compreensão profunda do público-alvo. É uma combinação de habilidades técnicas e emocionais, pois a comunicação eficaz se torna uma forma de arte que inspira, influencia e informa.

Quando falamos sobre nossas ideias para outras pessoas, precisamos de fato estar presentes naquele local, de corpo e alma. Em treinamentos de comunicação e oratória para o mundo corporativo, percebe-se que algumas pessoas se preocupam mais em ter performance em um discurso persuasivo – o que é importante, mas não é só isso – e não têm a percepção de que precisam "sentir" o seu público, ou seja, estar com a atenção plena, observando as pessoas que estão ao seu redor.

No livro *O poder da presença* (2016), a psicóloga social Amy Cuddy fala sobre pequenas mudanças em nossa linguagem corporal que podem impactar de forma significativa a maneira como nos sentimos e como os outros nos percebem. As ações a seguir são essenciais para desenvolver confiança e conquistar o respeito de públicos diversos:

- **AUTOCONHECIMENTO:** é essencial se conhecer realmente, entender quais são os seus valores e crenças. Isso ajuda a descobrir o que você realmente quer na vida. Essa atitude é necessária para alinhar as suas ações com seus objetivos e construir uma presença autêntica.
- **AUTOCONSCIÊNCIA:** é a capacidade de estar presente e atento ao ambiente e às pessoas, e isso inclui a postura, expressões faciais e até mesmo o tom de voz.
- **PROATIVIDADE:** trata-se não somente de agir de modo antecipado, mas de um modo intencional, a fim de alcançar objetivos. Segundo Cuddy, a proatividade, juntamente com a linguagem corporal, pode alterar a serotonina no cérebro e diminuir a produção de cortisol (hormônio do estresse), e assim aumentar a testosterona (relacionada à confiança). Tudo isso pode ajudar a enfrentar um desafio, como, por exemplo, a timidez.

Segundo a jornalista Marcele Saffi, a comunicação clara e assertiva contribui para a quebra de estereótipos e ajuda mulheres líderes a influenciarem e construírem pontes de forma mais eficaz.

> Como jornalista, considero que em um mundo onde a liderança feminina ainda enfrenta desafios como interrupções em reuniões, julgamentos sobre o tom de voz e a neces-

> sidade de equilibrar empatia e firmeza, a comunicação se torna uma ferramenta poderosa para abrir caminhos, fortalecer nossa presença e consolidar nosso impacto.
>
> ●●● MARCELE SAFFI

GERENCIANDO CRISES COM RESILIÊNCIA E ESTRATÉGIA

A construção da credibilidade no discurso se aplica não apenas a ter domínio dos fatos sobre os quais as pessoas vão falar, mas também em ter coerência entre o que se diz e o que se faz. Isso gera impacto positivo no ambiente de trabalho, principalmente quando se está em um cargo de liderança, à frente de uma equipe que tem o(a) líder como referência e inspiração. Estamos sempre em um processo de melhoria contínua, em constante aprendizado, pois tudo é troca.

> Em diversas situações, tive que lidar com equipes de diferentes perfis e, por isso, adaptar minha abordagem foi sempre um desafio e uma necessidade. O papel de uma líder é, muitas vezes, ser a ponte entre diferentes departamentos, profissionais e interesses, e uma comunicação eficaz é a chave para garantir que todos caminhem na mesma direção. Ao longo dos anos, desenvolvi a capacidade de ouvir ativamente, expressar minhas ideias de forma clara e, também, de ser transparente, o que ajudou a fortalecer meu trabalho e as relações dentro da equipe.
>
> ●●● ELISÂNGELA MARQUES

Uma crise no âmbito da comunicação pode se referir a um acontecimento ou evento que atraia intensamente a cobertura jornalística e uma exposição negativa na mídia, o que está longe de ser o desejo das organizações. Além da perda de clientes, outros desastres podem surgir no caminho de uma empresa em crise, como o afastamento de patrocinadores, associados e parceiros. Em outras palavras, a postura das companhias diante de um risco à imagem institucional poderá afetar a lucratividade da empresa. É nesse momento que as habilidades características femininas, como a resiliência e a resolução de problemas complexos, são ótimas gerenciadoras de crise.

Segundo uma pesquisa divulgada pela Associação Brasileira de Comunicação Empresarial (Aberje), *A mulher de comunicação: sua força, seus desafios* (2017), realizada com mulheres que atuam no segmento da comunicação, foi constatado que elas são mais eficazes que os homens na realização de mudanças transformadoras (38%) e na comunicação de ideias e argumentos complexos (30%).

Como podemos observar nessa pesquisa, fica evidente o que vem sendo abordado neste capítulo sobre a capacidade feminina de transformar problemas em possíveis soluções por meio de diálogo, visão holística e habilidade de conseguir se comunicar de forma empática e efetiva.

Os conflitos são inevitáveis em todos os ambientes de trabalho, e se faz necessário saber lidar com isso. Uma das formas de enfrentá-los é por meio da comunicação aberta, em que é possível entender e pesar as diferentes perspectivas antes de chegar a qualquer solução. Sempre que há discordância, o ideal é intermediar a discussão de uma maneira respeitosa, em que todas as partes possam dialogar sobre os seus pontos de vista. Esse tipo de abordagem favorece a união da equipe e reforça a confiança no coletivo.

> Dicas importantes na comunicação podem ajudar as mulheres a lidarem com situações adversas. Várias dessas situações já foram inclusive mapeadas. É comum, por exemplo ser interrompida várias vezes em meio a uma explanação, quebrando a fluição da fala e do raciocínio. Estar preparada para identificar rapidamente essas situações ajuda a se posicionar melhor nesses ambientes onde, em geral, somos minoria na liderança de reuniões em empresas ou instituições.
>
> ••• DÉBORA IVANOV

Arrematando as ideias

Neste capítulo, compreendemos que a comunicação é muito mais do que uma ferramenta de transmissão de informações: é a ponte que conecta pessoas e constrói ambientes mais humanos e diversos. Falar com clareza, agir com empatia e desenvolver a escuta ativa são práticas que constroem conexões autênticas e duradouras. A comunicação assertiva não é sobre falar mais alto, mas sobre ver as pessoas serem compreendidas com respeito e confiança. Por isso, valorizar as características naturais da liderança feminina, como colaboração, empatia e visão sistêmica, é também um ato de inclusão e de transformação social. Quando uma mulher ocupa um espaço de liderança e comunica com propósito, não apenas conduz uma equipe: ela abre caminho para outras, quebra paradigmas e inicia um legado em que a força da voz feminina na liderança gera impacto e mudanças.

ATIVIDADE

Diário da comunicação

Durante cinco dias, anote as situações em que você usou (ou deixou de usar) sua comunicação de forma assertiva no ambiente de trabalho ou nos relacionamentos profissionais. Para cada situação, reflita:

- Qual foi o meu tom de voz?
- Escutei com atenção ou já preparei minha resposta antes de a pessoa terminar?
- Fui clara(o) ao expor minhas ideias ou deixei espaço para ruídos na comunicação?
- Soube comunicar os meus pedidos e as razões pelas quais eu solicitei determinada tarefa?
- Que emoção conduziu minha fala?

No final da semana, releia suas anotações e identifique se você vem realizando com frequência as ações descritas. A partir disso, escreva uma frase que represente sua intenção para evoluir como liderança comunicadora. Por exemplo: "Quero comunicar com mais clareza e empatia para inspirar confiança nas minhas relações."

Essa prática simples é o primeiro passo para desenvolver o autoconhecimento e ressignificar a maneira como você se expressa com as pessoas ao seu redor, afinal, você é o que compartilha, a forma como se comunica com o mundo. Pense nisso!

SEJA A PROTAGONISTA DA SUA CARREIRA!

ONISTA

CAPÍTULO 7

PROTAGONISMO NA CARREIRA

RA!

Você já se perguntou por que faz o que faz? Qual é a sua motivação? O que fez você ter lido este livro até aqui?

Isso é o que chamo de propósito!

É o primeiro item para se construir uma carreira sólida e próspera. Este capítulo busca trazer algumas dicas – como um guia de bolso – para você começar a protagonizar a sua carreira, o seu caminho profissional atrelado também aos seus objetivos pessoais. Protagonizar a carreira é também protagonizar a vida!

PROPÓSITO: POR QUE EU FAÇO O QUE FAÇO?

Propósito é o que nos faz acordar todos os dias pela manhã, ir estudar, trabalhar, enfrentar desafios e obstáculos e ainda assim ter – ou, pelo menos tentar – um sorriso no rosto. A palavra, em latim, significa "aquilo que eu coloco adiante", "o que estou buscando".

Podemos definir propósito como uma intenção ou um projeto para a vida. Isto é, ter um propósito envolve descobrir o que você ama e o que lhe faz feliz. Isso é muito maior do que atingir uma meta – tem a ver com aquilo que preenche o seu coração! Ter um propósito de vida ajuda a ter uma vida mais plena, feliz e saudável. Algumas pessoas passam a vida tentando descobrir o propósito de sua existência. Para ajudar você a descobrir o seu, separei algumas dicas que veremos a seguir.

CONHEÇA AS SUAS HABILIDADES

Uma das melhores maneiras de conhecer seu propósito de vida é saber quais são suas habilidades. Para identificá-las, procure praticar atividades de autoconhecimento, que também vão mostrar os seus diferenciais no mercado de trabalho. Depois, prepare-se para aprimorá-las e utilizá-las não só para crescer na carreira, mas também para auxiliar as pessoas ao seu redor.

Saiba o que te faz feliz

Os momentos de felicidade são chaves para você entender o que quer da vida. A realização só pode ser alcançada com leveza e alegria. Quem descobre aquilo que desperta sua paixão, pelo que vale a pena lutar, provavelmente está mais perto se descobrir.

Inspiração

É muito mais fácil se encontrar – ou reencontrar – quando descobrir aquilo que te inspira. Ter ídolos é perigoso, mas você deve procurar alguém para ter como modelo e inspiração. Muitas pessoas fazem você ser melhor; aprenda com elas.

Estudar

Não há nada que auxilie a se conhecer melhor do que investir em estudos, cursos, palestras, workshops e treinamentos. Ao estudar, você terá oportunidade de aprender melhor quais são as suas habilidades, suas dificuldades e descobrir aquilo que gosta de fazer.

A GESTÃO DE CARREIRA É A TRAJETÓRIA DA SUA VIDA PROFISSIONAL

Gerenciar a carreira é fundamental para se tornar uma profissional de destaque no mercado de trabalho. Para isso, são necessários alguns passos como planejar, executar e acompanhar as ações que levarão ao objetivo profissional. Trata-se de fazer as escolhas certas! O ponto de partida para uma boa gestão de carreira é estabelecer um objetivo principal, começando pela pergunta: "aonde você quer chegar na sua vida profissional?" Essa é uma etapa importante que irá guiar você na hora de fornecer os métodos necessários para atingir sua meta. Estabelecido o objetivo, busque identificar qual a melhor trilha para chegar ao ponto desejado em sua profissão.

Para auxiliar nessa prática, sugerimos a ferramenta Roadmap, que é uma espécie de mapa que organiza as etapas e metas do desenvolvimento da sua trilha de sucesso. O termo *roadmap* significa "mapa rodoviário" e funciona como um plano de ação, estipulando os objetivos principais e as necessidades urgentes de momento.

FIGURA 7.1 – ROADMAP

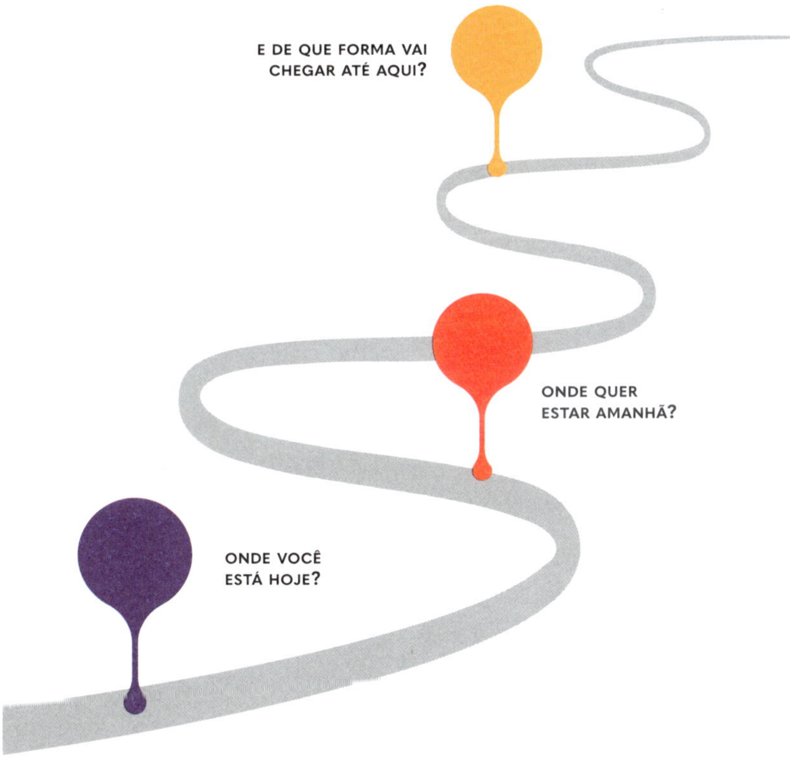

Para começar, é fundamental responder a três perguntas principais:

Onde você está hoje?

Qual é a sua situação atual? Você é estudante? Está cursando algum curso profissionalizante? Esse curso vai te levar ao encontro do seu objetivo profissional, de vida? Se está no mundo organizacional, qual a posição, o cargo que ocupa atualmente? Comece respondendo se você está feliz fazendo o que faz ou se precisa dar uma "guinada" na carreira. Quanto você ganha hoje e suas atribuições? É preciso encontrar um olhar para dentro, entender qual o momento em que se encontra hoje e saber o porquê de realizar essa trilha de sucesso! Mas tenha um olhar carinhoso e sincero sobre você e sua carreira até o momento atual. É fundamental reconhecer e agradecer a jornada que nos trouxe até o ponto em que estamos.

Onde quer estar amanhã?

Nessa etapa, é importante definir como você se imagina daqui a 1, 2 ou 5 anos – você pode optar pelo prazo mais adequado de acordo com seu objetivo profissional previsto anteriormente. Qual cargo quer estar ocupando? Quais são as atribuições esperadas? Quanto pretende receber de remuneração? Qual empresa? Qual segmento? Muitas perguntas? Lembre-se que se trata da sua carreira, da sua vida! Acredite: quanto mais detalhado o planejamento, mais chances você tem de conseguir alcançar o seu objetivo.

E se for estudante, isso é para você também! Depende de conseguir enxergar a profissão na qual você vai construir sua carreira. Qual curso deseja fazer? Tecnólogo ou faculdade? Se você pretende se tornar especialista em uma área, essas perguntas são bem importantes.

De que forma vai chegar lá?

É importante determinar as etapas ou a trilha para conquistar os seus objetivos na vida profissional. Para isso, pode ser utilizada a metodologia FARM, um acrônimo que significa:

FOCO
AÇÃO
RESULTADO
MELHORIA CONTÍNUA

Outra ferramenta importante é a matriz SWOT,[1] nesse caso, adaptada à questão profissional e pessoal. É uma ótima opção para a busca do autoconhecimento.

FIGURA 7.2 – MATRIZ SWOT COM FOCO EM CARREIRA

1 Matriz SWOT (strenghts, weaknesses, opportunities, threats) é uma ferramenta de análise que identifica os pontos fortes, fracos, oportunidades e ameaças de uma empresa. É também conhecida como análise FOFA, que é a sigla em português. A ferramenta também pode ser aplicada para empreendedores que pretendem começar a construir o seu modelo de negócio (Sebrae, 2022).

Acompanhe o que acontece no setor de seu interesse. Observe se o segmento se encontra em expansão ou se o nicho de mercado está estagnado, ou seja, não tenha adotado um olhar de inovação. Procure manter-se informada sobre os principais acontecimentos. Analisando as oportunidades e ameaças, é possível identificar algumas estratégias de carreira, conforme vemos na figura 7.3.

FIGURA 7.3 – ESTRATÉGIAS DE CARREIRA

Conhecimento, atitudes certas e habilidades

Para alcançar a realização e o sucesso em sua carreira é importante investir em três pilares: conhecimento, atitudes e habilidades fundamentais. E tudo isso deve estar alinhado aos seus talentos e valores. Algumas perguntas importantes:

- Quais são os meus talentos naturais?
- O que estou fazendo?

- Quais competências devo desenvolver para atingir meus objetivos?
- Como mudar e aprender com os erros?
- Eu sou mais positiva ou negativa?

Respondê-las vai ajudar a transformar seu potencial em realidade prática. As competências práticas são suas atitudes de aplicação.

Ser protagonista da sua carreira é desenhar essa jornada que tem a ver com um propósito de vida. Você é a única responsável por continuar ou mudar a sua jornada sempre que necessário, a fim de aumentar as chances de conquistar o tão sonhado objetivo profissional. Nesse sentido, um plano de carreira bem desenhado surge como uma bússola que vai trazer a clareza do objetivo desejado, a responsabilidade e o caminho que deve ser percorrido.

A ARTE DE DIZER, ESCUTAR E AGIR

A comunicação é fundamental em todas as esferas da vida. Sem ela, não há troca de experiências entre profissionais, nem um ambiente igualitário nas escolas ou em nossa vida pessoal. Relacionamentos, sejam amorosos, familiares ou profissionais, não prosperam sem o uso adequado da fala, uma vez que a comunicação sempre envolve mais de uma pessoa. A palavra comunicação vem do latim *comunicare*, que significa "pôr em comum". Você já se perguntou o que, de fato, está comunicando para as pessoas?

Aprender a controlar os sinais que você emite para as pessoas e a emoção que elas sentem ao ouvir seu nome ou vê-la não é opcional! A oratória é uma habilidade essencial para se construir uma imagem pessoal e profissional forte, pois permite comunicar e transmitir mensagens com clareza, impacto e persuasão. Ao dominar essas técnicas é possível tornar a comunicação mais envolvente e persuasiva, influenciando positivamente a forma como somos percebidos. A dicção e a pronúncia clara das palavras representam a forma como você se dirige ao público. São importantes recursos de uma comunicação bem-sucedida. Junto com o tom de voz e os recursos de entonação e modulação vocal, é possível elaborar uma narrativa expressiva, capaz de transmitir emoções e conexão entre as pessoas. Já falamos antes neste livro: não é tanto o que, mas como você diz que faz toda a diferença. É por isso que o tom de voz reflete a comunicação entre duas ou mais pessoas. O mesmo diálogo pode conter características agressivas, passivas ou neutras. Esta última é complementada pela entonação, que é o uso consciente da modulação da voz. Ela pode ser:

- **ASCENDENTE:** para dar maior destaque a aspectos importantes e acentuar conceitos.
- **NEUTRA:** para interações cotidianas equilibradas e uniformes.
- **DESCENDENTE:** para expressar sentimentos mais sérios ou introspectivos.

Por meio dessas técnicas é possível manter o receptor da mensagem interessado no diálogo, do início ao fim. É importante ter cuidado e evitar o uso de vícios de linguagem, que podem prejudicar a credibilidade do profissional.

Uma história bem contada, por exemplo, oportuniza aos profissionais de uma determinada área de atuação grande vantagem competitiva. Carmine Gallo (2014) fala que uma narrativa envolvente tem o poder de convencer colaboradores, clientes e stakeholders de que sua empresa pode ajudá-los a atingir o sucesso que tanto desejam.

Para desenvolver maior assertividade quando você for realizar a apresentação de um projeto ou negócio, lembre dos cinco pilares da oratória:

1. **DOMÍNIO DA LÍNGUA:** refere-se à maneira clara, precisa e correta de expressar as ideias, o que inclui ter vocabulário, gramática e ortografia corretos e clareza ao pronunciar as palavras.
2. **POSTURA E EXPRESSÃO CORPORAL:** são linguagens inseparáveis e adicionam confiança e autenticidade. Consiste em manter uma postura confiante e direita, gestos e expressões naturais e uma apresentação com emoção.
3. **ORGANIZAÇÃO DO DISCURSO:** crucial para que seu discurso seja envolvente. Começa com uma introdução, segue com um corpo estruturado de discurso e termina com uma conclusão marcante.
4. **CONTATO VISUAL:** proporciona conexão direta com o público, demonstra empatia e capacidade de prestar atenção. Pode ser alcançado olhando diretamente nos olhos de uma pessoa ou distribuído de forma que cada um receba atenção em intervalos regulares.
5. **CONTROLE DAS EMOÇÕES:** controlar as emoções na oratória é uma habilidade que pode ser aprimorada por meio da prática e do desenvolvimento da inteligência emocional. Essa habilidade é essencial para melhorar a comunicação e estabelecer conexões mais eficazes com o seu público-alvo. Seguem algumas dicas para realizar uma apresentação eficaz e lidar com o nervosismo:
    - Avalie suas emoções e antecipe possíveis reações do público;
    - Estude bem o tema e pratique sua apresentação para garantir segurança e fluidez;
    - Faça anotações para organizar seus pontos principais e reforçar sua confiança durante a fala.

Por que a comunicação assertiva faz sentido?

Como a assertividade se baseia no respeito mútuo, consiste em um estilo de comunicação eficaz. Ser assertiva demonstra respeito e disposição para defender interesses e expressar opiniões e sentimentos. Também demonstramos consciência quanto aos direitos adquiridos e esforços para trabalhar na resolução de conflitos. Uma pessoa assertiva oferece a melhor chance de entregar sua mensagem com sucesso.

Comportar-se assertivamente pode ajudar a:

- ganhar autoconfiança e autoestima;
- entender e considerar os próprios sentimentos;
- conquistar o respeito dos outros;
- melhorar a comunicação;
- criar situações em que os dois lados envolvidos ganhem;
- melhorar as habilidades de tomada de decisão;
- criar relações honestas;
- obter mais satisfação no trabalho.

Aprender a ser mais assertiva ajuda você a expressar sentimentos efetivos ao se comunicar com outras pessoas sobre problemas. Um profissional de sucesso é aquele que sabe pedir e fazer as perguntas certas!

DICA

Sobre comunicação assertiva em apresentações:

O que fazer?

- Preste atenção no outro;
- Não seja prolixo, fale com objetividade;
- Demonstre interesse no outro.

Como encantar as pessoas?

- Use um tom de voz agradável;
- Seja perceptiva;
- Tenha argumentos fortes;
- Atualize-se sempre!

PRESENÇA DIGITAL E SUA IMPORTÂNCIA PARA A IMAGEM PESSOAL

A chegada do mundo digital causou mudanças nos hábitos e comportamentos das pessoas. Entre elas, trouxe a importância de saber construir uma imagem pessoal e profissional nas redes digitais e sociais, pois ter uma imagem pessoal positiva é muito mais do que ser apenas um "expert". Um especialista pode entender muito bem da sua área de atuação, estar antenado com as últimas tendências, mas para ter uma presença digital assertiva é preciso ir além. Isso gera influência sobre o seu público-alvo, não só em relação ao respeito, mas atinge o coração daqueles a quem você quer ajudar com seus serviços.

Seguem algumas dicas de como construir uma presença digital assertiva:

- Deixe claro o seu propósito em todos os seus materiais de comunicação, em seu site, vídeos, ou mesmo em conversas do dia a dia. É preciso explicitar qual o valor que você entrega para o mercado.

- Mostre para as pessoas que você tem conhecimento em sua área de atuação; tenha atitude e originalidade. Invista sempre em inovação! É através do conhecimento manifestado que as pessoas começarão a entender um pouco mais sobre a sua área de atuação. Aos poucos, o público vai procurar informações a seu respeito e indicar você para outras pessoas.
- Invista em sua imagem pessoal e profissional, pois é como as pessoas enxergarão você. Quando observamos um indivíduo, geralmente analisamos suas qualidades e seus defeitos, sua forma de agir e de se comportar em reuniões sociais, seu jeito de vestir, seus gestos, sua maneira de se expressar e diversos outros detalhes que compõem a figura que estamos vendo.
- Tenha uma comunicação assertiva; procure desenvolver técnicas de oratória e de linguagem corporal para conseguir transmitir a sua mensagem de forma clara e objetiva.

Tudo isso é estratégia! Na gestão de carreira, criar uma presença digital é estratégia de posicionamento de mercado.

Arrematando as ideias

Como observamos neste capítulo, é fundamental construir uma carreira sólida e bem-sucedida tendo um propósito de vida como guia para um caminho de protagonismo pessoal e profissional. O autoconhecimento é fundamental para a descoberta de habilidades. O reconhecimento do que faz você feliz e a busca por inspiração são passos essenciais para se tornar líder da sua própria trajetória. Além disso, vimos que a comunicação assertiva, a inteligência emocional e a oratória são essenciais para o fortalecimento da imagem pessoal e profissional,além de indispensáveis para criar conexões genuínas e impactantes no mundo do trabalho. Essas habilidades não apenas melhoram a forma como você se comunica, mas também influenciam como você é percebida pelos outros, seja em interações presenciais ou digitais.

ATIVIDADE

Roadmap

Para consolidar os conceitos abordados, faça uma reflexão sobre onde você está atualmente e aonde deseja chegar na sua carreira. Para visualizar essa jornada e mapear as etapas que precisa percorrer para alcançar seus objetivos, utilize o roadmap mostrado na figura 7.1 neste capítulo. Responda às perguntas:

1. ONDE VOCÊ ESTÁ HOJE?

Analise a sua situação atual: habilidades, posições e realizações.

2. ONDE QUER ESTAR AMANHÃ?

Estabeleça metas de curto, médio e longo prazo (máximo de cinco anos).

3. DE QUE FORMA VAI CHEGAR LÁ?

Defina as ações e os recursos necessários, identificando quais são os seus pontos fortes e o que precisa melhorar.

LEMBRE-SE: revise o seu propósito e como ele se alinha com as escolhas que você está fazendo. Além disso:

- Monitore e analise cada etapa do processo, pois isso permite identificar problemas rapidamente.
- Reajuste seu percurso sempre que necessário.
- Priorize o que realmente importa!

VOZES

INSPIR

AÇÕES

TRANSF

QUE

AM

RECADO DELAS!

QUE

RMAM

Neste último capítulo, abrimos espaço para que as próprias protagonistas desta jornada compartilhem, com suas palavras, as lições que aprenderam, os desafios que enfrentaram e as potências que descobriram em si mesmas.

Como encontrar coragem para seguir quando tudo parece exigir que paremos?

O que faz com que mulheres, mesmo diante das barreiras mais duras, insistam em criar, liderar e transformar?

O que vem a seguir é um convite à escuta e também à reflexão. Uma série de vozes que se entrelaçam, costuradas pela resiliência, coragem e determinação.

Que cada frase aqui registrada seja semente de ação, referência de esperança e espelho para que outras mulheres também reconheçam seu poder de agir no mundo.

VOZES QUE INSPIRAM, AÇÕES QUE TRANSFORMAM

Acredite no seu potencial, ocupe seu espaço com confiança e nunca subestime o poder da sua voz. O mundo precisa da sua visão, da sua criatividade e da sua coragem para transformar a comunicação e abrir novos caminhos para outras mulheres.

••• MARCELE SAFFI

Não desista diante das dificuldades. Construir uma trajetória profissional exige tempo, dedicação e persistência. Para as mulheres negras, especificamente, a resiliência é fundamental. Muitas vezes, você vai demorar para alcançar o seu objetivo profissional, mas não se compare. Estude, prepare-se muito, tenha foco no seu propósito e siga em frente.

••• PRISCILA CAMAZANO

Não se deixe abalar pelos obstáculos, use-os como aprendizado para crescer. Tenha clareza sobre o que você deseja alcançar em sua carreira. Defina metas realistas e crie um plano para alcançá-las. Acredite sempre em você e nos seus talentos. Não deixe que a dúvida te impeça de ir atrás dos seus sonhos.

••• IEDA JORDÃO

Meu conselho para mulheres que desejam entrar no mercado audiovisual é: cerquem-se de outras mulheres, sejam mentoras e também aprendizes. Não tenham medo de ocupar espaços que lhes disseram que não eram para vocês. O audiovisual precisa das nossas vozes, das nossas histórias e da nossa força. Por mais difícil que pareça, é possível transformar esse mercado – e cada uma de nós tem o poder de fazer isso.

••• JULIANA LIRA

Acredito que quando nos unimos, ficamos cada vez mais fortes e corajosas. O audiovisual é realizado em grupo, a troca de experiências de quem já viveu momentos complicados nesta profissão conta muito para aquelas que estão chegando.

••• KARINE CAMARGO

No mundo empresarial, o vínculo que você tem com as pessoas é pautado em duas coisas: relacionamento e confiança. Então, quanto mais confiável você parecer ser, melhor vai ser para a sua carreira. Por isso, cuide da sua inteligência emocional, porque é ela que pode te levar a lugares que você nem imagina.

••• RENATA FIORE

Quem foi que disse que uma mulher não pode erguer muros, misturar cimento, subir em andaimes e construir um futuro melhor?

••• BIA KERN

Transforme o que chega até você. Não faça somente o que lhe foi pedido, faça mais, faça com excelência e alegria, não esperando somente receber de volta, mas sabendo que você produziu impacto positivo nas pessoas e, muito provavelmente, foi catalizadora de mudanças significativas.

••• MÁRCIA ALDIGUERI

Seja autêntica, respeite seus limites, trabalhe sua habilidade de mudança. Ninguém vai gerenciar ou valorizar sua carreira, não delegue essa tarefa.

••• FABIANA HELENA SUCIGAN

Empreender no audiovisual é mais do que contar histórias. É reivindicar seu lugar na narrativa em que cada mulher tem o poder de ser um ponto de luz. E juntas podemos iluminar, transformar ideias em impacto, sonhos em realidade e fazer com que nossas vozes sejam ouvidas e assistidas em cada frame.

••• GABRIELA FERNANDES

Quando você estiver se sentindo insegura, lembre-se de coisas incríveis que você já fez e repita para você: eu sou capaz! Sempre que alguém tenta te diminuir, provavelmente é porque você está no caminho certo.

••• VÂNIA CRUZ

O caminho não é fácil, mas é totalmente possível quando você entende que ele é só seu!

••• GISELE SOUZA

Em muitos momentos, é comum ter preocupação em se enquadrar, mas valorizar aquilo que nos impede de alcançar essa padronização é justamente o que pode nos levar adiante.

••• JOYCE RIBEIRO

Mulheres, reconstruam-se sem rigidez e sem o sentimento de impostoras, pois devemos começar do zero em muitas questões. A primeira questão é: como criar meus filhos a partir do meu ponto de vista transformado? Damos conta de tanto que não nos diz respeito e que nos é imposto.

••• BABI XAVIER

Quando unimos educação empreendedora, mentorias e redes de apoio, não apenas capacitamos mulheres – abrimos caminhos, derrubamos barreiras e aceleramos transformações que ressoam em toda a sociedade.

••• CAMILA ONO

A vida acontece no movimento, e é justo que muito custe o que muito vale.

••• PAOLA TELES

Nunca desista! Às vezes, tudo é tão difícil, tão cansativo (física e mentalmente), tão desafiador, que é muito comum que a gente desista. Mas precisamos lutar todos os dias para manter nosso lugar, porque o sistema espera justamente que a gente desista e se coloque no "nosso lugar".

••• GABRIELA BARBOSA

Transforme desafios em degraus e faça da sua paixão a centelha capaz de acender um mundo repleto de possibilidades. Não espere que o caminho esteja pronto, construa-o. Entre quedas e recomeços, é sua voz, sua força e sua paixão que abrirão portas e inspirarão outras a seguirem seus próprios passos.

••• ANY KETHELLEN

Vejo que o primeiro passo é se capacitar na área escolhida – ter uma formação sólida e continuar sempre em busca de atualizações para que as mulheres ocupem seus espaços no mercado de trabalho. Também é essencial buscar apoio em outras mulheres, reconhecer e exaltar o trabalho delas, criando conexões.

••• DAFNE ZANONI

Confie no seu potencial, desafie os limites e lembre-se: o mundo precisa da sua visão única. Empreender e conquistar espaços na comunicação é um ato de coragem e transformação – e você tem toda a força para fazer acontecer.

••• ELISÂNGELA MARQUES

É preciso mais mulheres diretoras, roteiristas e em funções técnicas, operando câmeras, atuando na captação de som. Para ter essa equidade, é preciso ter mais políticas afirmativas para mulheres, para que tenham mais acesso a recursos para suas produções, além de maior divulgação, na mídia e nas redes sociais, de seus projetos.

••• FABÍOLA TARAPANOFF

No campo das políticas públicas, é necessário ter ações compensatórias, como as cotas ou indutores na seleção de projetos em editais que fomentam a produção brasileira, facilitando o acesso das mulheres aos recursos necessários para a realização de suas obras.

••• DÉBORA IVANOV

REFERÊNCIAS

3 CONSELHOS de liderança feminina de Sheryl Sandberg, COO do Facebook. **Na Prática**, 2018. Disponível em: https://napratica.org.br/lideranca-feminina-sheryl-sandberg/. Acesso em: 27 fev. 2025.

5 CARACTERÍSTICAS da liderança feminina que contribuem para o sucesso. **Sebrae**, 2024. Disponível em: https://sebrae.com.br/sites/PortalSebrae/ufs/rj/artigos/5-caracteristicas-de-lideranca-feminina-que-contribuem-para-o-sucesso,b41453f76a0dc810VgnVCM1000001b00320aRCRD. Acesso em: 26 fev. 2025.

A DESIGUALDADE de gênero no setor de audiovisual do Brasil. **Ebac**, 2023. Disponível em: https://ebaconline.com.br/blog/desigualdade-de-genero-no-audiovisual. Acesso em: 28 jul. 2025.

A FORÇA do empreendedorismo feminino. **Sebrae**, 2021. Disponível em: https://sebrae.com.br/Sebrae/Portal%20Sebrae/Empreendedorismo%20Feminino/Infografico_Sebrae_Delas.pdf. Acesso em: 27 fev. 2025.

A HISTÓRIA de Alice Guy-Blaché. **Olhar de Cinema**, 2018. Disponível em: https://www.olhardecinema.com.br/a-historia-de-alice-guy-blache/. Acesso em: 23 maio 2025.

A IMPORTÂNCIA da análise SWOT para os negócios. **Sebrae**, 2022. Disponível em: https://sebrae.com.br/sites/PortalSebrae/artigos/a-importancia-da-analiseswot-para-os-negocios,b4362c0c78c04810VgnVCM100000d701210aRCRD. Acesso em: 2 jun. 2025.

A IMPORTÂNCIA dos festivais e mostras de audiovisual. **Ancine**, 2021. Disponível em: https://www.gov.br/ancine/pt-br/centrais-de-conteudo/publicacoes/manuais/a-importancia-dos-festivais-e-mostras-de-audiovisual?utm_source=chatgpt.com. Acesso em: 26 fev. 2025.

A MULHER de comunicação: sua força, seus desafios. **Aberje**, 2017. Disponível em: https://www.aberje.com.br/wp-content/uploads/2019/07/PesqAberje_MulherComunica%C3%A7%C3%A3o_2017.pdf. Acesso em: 26 fev. 2025.

ACCENTURE. **Getting to equal**. [*S.l.*]: Accenture, 2019. Disponível em: https://www.valored.it/wp-content/uploads/2019/03/Getting-to-Equal-2019-Accenture.pdf. Acesso em: 2 jun. 2025.

AGÊNCIA NACIONAL DO CINEMA (ANCINE). **Anuário estatístico do audiovisual brasileiro 2023**. Rio de Janeiro: Ancine, 2023a. Disponível em: https://www.gov.br/ancine/pt-br/oca/publicacoes/arquivos.pdf/anuario-estatistico-2023.pdf.pdf. Acesso em: 4 ago. 2025.

AGÊNCIA NACIONAL DO CINEMA (ANCINE). **Participação por gênero e por raça nos diversos segmentos da cadeia produtiva do audiovisual**. Rio de Janeiro: Ancine, 2023b. Disponível em: https://www.gov.br/ancine/pt-br/oca/publicacoes/arquivos.pdf/Estudo%20genero%20e%20raca%20no%20setor%20audiovisual.pdf. Acesso em: 27 fev. 2025.

ALMEIDA, Fernanda de. Inclusão de PCDs exige ações constantes. **Forbes**, 2022. Disponível em: https://forbes.com.br/carreira/2022/09/inclusao-de-pcdsexige-acoes-constantes/. Acesso em: 23 maio 2025.

AS CINCO CHAVES da inteligência comunicacional. **Agora**, 2017. Disponível em: https://www.terra.com.br/noticias/dino/as-cinco-chaves-da-inteligencia-comunicacional,cbce0f806d7cb8bbe4e793bf3b79587fx7dw95f5.html#google_vignette. Acesso em: 26 fev. 2025.

AUTOSSABOTAGEM: quais os sintomas e como tratar. **Universidade Anhembi Morumbi**, 2023. Disponível em: https://portal.anhembi.br/blog/autossabotagem. Acesso em: 27 fev. 2025.

BECK, Caio. Método 70:20:10 (learning model). **Andragogia Brasil**, 2016. Disponível em: https://www.andragogiabrasil.com.br/metodo-70-20-10-learningmodel. Acesso em: 26 fev. 2025.

BRISO, Caio Barreto. Novos tempos, novos líderes. A diversidade e inclusão nas organizações no Brasil. **Comunicação Empresarial**, n. 103, 2018. Disponível em: https://www.aberje.com.br/wp-content/uploads/2019/08/CE_103_Dezembro2018_web.pdf. Acesso em: 14 ago. 2025.

CALIFÓRNIA. Direção: Marina Person. São Paulo: Mira Filmes, 2015. 90 min, son., color., 35 mm.

CAMARGO, Robson. Comunicação assertiva: 7 dicas certeiras para desenvolver essa habilidade. **Robson Camargo Projetos e Negócios**, 2019. Disponível em:

https://robsoncamargo.com.br/blog/Comunicacao-assertiva. Acesso em: 15 nov. 2021.

CAMILO, Juliana; FORTIM, Ivelise; AGUERRE, Pedro (orgs.) **Gestão de pessoas**: práticas de gestão da diversidade nas organizações. São Paulo: Editora Senac São Paulo, 2019.

CANDIDO, Marcia Rangel; CAMPOS, Luiz Augusto. Cinema: nenhuma mulher dirigiu filmes de grande público em 2022. **Gemaa**, 2024. Disponível em: https://gemaa.iesp.uerj.br/infografico/nenhuma-mulher-dirigiu-filmes-de-grande-publico-em-2022/. Acesso em: 27 fev. 2025.

CANVAS: como estruturar seu modelo de negócio. **Sebrae**, 30 out. 2019. Disponível em: https://sebrae.com.br/sites/PortalSebrae/ufs/pr/artigos/canvas-como-estruturar-seu-modelo-de-negocio,6dab288acc58d510VgnVCM1000004c00210aRCRD. Acesso em: 20 maio 2025.

CARNEGIE, Dale. **Como falar em público & influenciar pessoas no mundo dos negócios**. São Paulo: Record, 2018.

CARVALHO, Priscila. Drible a síndrome da impostora, que leva à autossabotagem e afeta carreira. **Equilíbrio**, 2020. Disponível em: https://www.uol.com.br/vivabem/noticias/redacao/2020/06/25/sindrome-da-impostora-como-acreditar-que-voce-merece-esse-cargo-na-empresa.htm. Acesso em: 5 ago. 2025.

CAUSAR Transformadora Social. Página inicial. [2025?]. Disponível em: https://causar.com.br/. Acesso em: 6 maio 2025.

CERBASI, Gustavo. **Empreendedores inteligentes enriquecem mais**: inteligência financeira para quem já tem ou quer começar o próprio negócio. Rio de Janeiro: Sextante, 2016.

CINECLUBE ACADEMIA DAS MUSAS. Página inicial. 2016. Disponível em: https://cineclubeacademiadasmusas.wordpress.com/. Acesso em: 23 maio 2025.

COLETIVO mulheres em série. **Gamescom Latam**, 2025. Disponível em: https://b2b.latam.gamescom.global/companies/3620?permanent_cookies_close=true. Acesso em: 27 fev. 2025.

COMO A DIVERSIDADE e inclusão influenciam nas decisões de contratação. **Vorecol**, 2024. Disponível em: https://blogs-pt.vorecol.com/blog-como-a-diversidade-e-inclusao-influenciam-nas-decisoes-de-contratacao-27948. Acesso em: 26 fev. 2025.

COMO IMPLEMENTAR uma liderança feminina e humanizada. **Acionista**, 2024. Disponível em: https://acionista.com.br/como-implementar-uma-lideranca-feminina-e-humanizada/. Acesso em: 26 fev. 2025.

CONHEÇA o passo a passo para o planejamento empresarial. **Sebrae**, 2022. Disponível em: https://sebrae.com.br/sites/PortalSebrae/artigos/conheca-o-passo-a-passo-para-o-planejamento-empresarial,a774119c93d82810VgnVCM100000d701210aRCRD. Acesso em: 5 ago. 2025.

CRUZ, Elaine Patrícia. Produtoras prometem ampliar a participação de mulheres no audiovisual. **Agência Brasil**, 2022. Disponível em: https://agenciabrasil.ebc.com.br/geral/noticia/2022-10/produtoras-prometem-ampliar-participacao-demulheres-no-audiovisual. Acesso em: 27 fev. 2025.

CUDDY, Amy. **O poder da presença**: como a linguagem corporal pode ajudar você a aumentar sua autoconfiança. Tradução: Ivo Korytowski. Rio de Janeiro: Sextante, 2016.

CUNHA, António; CASTRO, Ilda. **Cineastas portuguesas 1874-1956**. Lisboa: Câmara Municipal de Lisboa, 2001.

EDGE EMPOWER. Página inicial. [2024?]. Disponível em: https://www.edgeempower.com. Acesso em: 27 fev. 2025.

ELSESSER, Kim. Mulheres no cinema: liderança feminina perde espaço nos bastidores de Hollywood. **Forbes**, 8 jan. 2025. Disponível em: https://forbes.com.br/forbes-mulher/2025/01/mulheres-no-cinema-lideranca-feminina-perde-espaco-nos-bastidores-de-hollywood/. Acesso em: 19 maio 2025.

ELSESSER, Kim. Mulheres tiveram apenas 35% dos papéis falados nos principais filmes de 2023, mostra estudo. **Forbes**, 2024. Disponível em: https://forbes.com.br/forbes-mulher/2024/03/mulheres-tiveram-apenas-35-dos-papeis-falados-nos-principais-filmes-de-2023-mostra-estudo/. Acesso em: 27 fev. 2025.

ESCOLA SUPERIOR DE PROPAGANDA E MARKETING (ESPM). **Diálogo com a economia criativa**. v. 6, n. 18, set./dez. 2021. Rio de Janeiro: ESPM, 2021. Disponível em: http://mulheranima.pro/. Acesso em: 27 fev. 2025.

ESOCIAL. Página inicial. [2024?]. Disponível em: https://www.gov.br/esocial/pt-br. Acesso em: 2 jun. 2025.

ESTÉS, Clarissa Pinkola. **Mulheres que correm com os lobos**: mitos e histórias do arquétipo da mulher selvagem. Tradução: Waldea Barcellos. Rio de Janeiro: Rocco, 1994.

EZRA, Elizabeth; ROWDEN, Terry. **Transnational cinema**: the film reader. New York: Routledge, 2006.

FARO, Eduardo. A importância da diversidade e inclusão no mercado de trabalho. **Ser**, 2024. Disponível em: https://sertms.com/blog/a-importancia-da-diversidade-e-inclusao-no-local-de-trabalho/. Acesso em: 26 fev. 2025.

FUNDAÇÃO SISTEMA ESTADUAL DE ANÁLISE DE DADOS (SEADE). **Empreendedorismo e deficiência**: percepção no estado de São Paulo. São Paulo: Sebrae; Seade; Governo do Estado de São Paulo, 2023. Disponível em: https://www.pessoacomdeficiencia.sp.gov.br/wp-content/uploads/2023/11/Empreendedorismo_Pessoa_com_Deficiencia.pdf. Acesso em: 6 maio 2025.

GALLO, Carmine. **TED: falar, convencer, emocionar**: como se apresentar para grandes plateias. Tradução: Cristina Yamagami. São Paulo: Saraiva, 2014.

GANDRA, Alana. Mulheres ocupam 69% dos cargos de liderança em comunicação empresarial. **Agência Brasil**, 21 fev. 2019. Disponível em: https://agenciabrasil.ebc.com.br/economia/noticia/2019-02/mulheres-ocupam-69-dos-cargos-de-lideranca-em-comunicacao-empresarial. Acesso em: 12 ago. 2025.

GILBERTI, Carolina. 5 ações para melhorar a perspectiva das mulheres no mercado de trabalho. **Terra**, 2023. Disponível em: https://www.terra.com.br/economia/5-acoes-pra-melhorar-a-perspectiva-da-mulher-no-mercado-de-trabalho,9338a95a6b32e1de05674c2a5269be4eol1lh62f.html. Acesso em: 5 ago. 2025.

GOLEMAN, Daniel. **Inteligência emocional**: a teoria revolucionária que redefine o que é ser inteligente. São Paulo: Objetiva, 2012.

GONÇALVES, Alcione. Liderança feminina nas empresas: importância e desafios. **FIA Business School**, 2020. Disponível em: https://fia.com.br/blog/lideranca-feminina-nas-empresas/. Acesso em: 23 maio 2025.

GONÇALVES, Alcione. Liderança feminina nas empresas: importância e desafios. **FIA Business School**, 9 dez. 2020. Disponível em: https://fia.com.br/blog/lideranca-feminina-nas-empresas/. Acesso em: 5 ago. 2025.

GONÇALVES, Mariana. Abraji divulga resultados de pesquisa sobre mulheres jornalistas nos diálogos gênero e número. **Abraji**, 2017. Disponível em: https://abraji.org.br/noticias/abraji-divulga-resultados-de-pesquisa-sobre-mulheres-jornalistas-no-dialogos-genero-e-numero. Acesso em: 23 maio 2025.

GRUPO DE ESTUDOS MULTIDISCIPLINARES DA AÇÃO AFIRMATIVA (GEMAA). **Cinema brasileiro**: raça e gênero nos filmes de grande público (1995 a 2022). Rio de Janeiro: GEMAA, 2023. Disponível em: https://gemaa.iesp.uerj.br/infografico/cinemabrasileiro-raca-e-genero-nos-filmes-de-grande-publico/. Acesso em: 2 jun. 2025.

GUY-BLACHÉ, Alice. Woman's place in photoplay production. **Moving Picture World**, v. 21, n. 1, jul. 11, 1914.

HELGESEN, Sally. **The female advantage**: women's ways of leadership. New York: Crown, 1995.

HELGESEN, Sally; GOLDSMITH, Marshall. **Como as mulheres chegam ao topo**. Tradução: Stephanie Zerede. Rio de Janeiro: Alta Books, 2019.

HOLANDA, Karla; TEDESCO, Marina Cavalcanti (org.) **Feminino e plural**: mulheres no cinema brasileiro. Campinas: Papirus, 2017.

HUNT, Vivian *et al*. A diversidade como alavanca de performance. **McKinsey & Company**, 2018a. Disponível em: https://www.mckinsey.com/capabilities/people-and-organizational-performance/our-insights/delivering-through-diversity/pt-BR. Acesso em: 26 fev. 2025.

HUNT, Vivian *et al*. A diversidade importa cada vez mais: o valor do impacto holístico. **McKinsey & Company**, 2023. Disponível em: https://www.mckinsey.com/featured-insights/destaques/a-diversidade-importa-cada-vez-mais-o-valor-do-impacto-holistico/pt. Acesso em: 23 maio 2025.

HUNT, Vivian *et al*. **Delivering through diversity**. Chicago: McKinsey & Company, 2018b. Disponível em: https://www.mckinsey.com/~/media/mckinsey/business%20functions/people%20and%20organizational%20performance/our%20insights/delivering%20through%20diversity/delivering-through-diversity_full-report.pdf. Acesso em: 12 ago. 2025.

INSTITUTO + MULHERES. Página inicial. [2025?]. Disponível em: https://www.maismulheres.org/. Acesso em: 27 fev. 2025.

INSTITUTO BRASILEIRO DE GEOGRAFIA E ESTATÍSTICA (IBGE). **Estatísticas de gênero**: indicadores sociais das mulheres no Brasil. Rio de Janeiro: IBGE, 2024. Disponível em: https://www.ibge.gov.br/estatisticas/multidominio/genero/20163-estatisticas-de-genero-indicadores-sociais-das-mulheres-no-brasil.html. Acesso em: 27 fev. 2025.

IVANOV, Debora *et al.* Estudo de Caso I – Mullheres na indústria audiovisual: um panorama de países da América Latina e da Espanha. **Wipo**, 2024. Disponível em: https://www.wipo.int/export/sites/www/ip-development/es/agenda/docs/case_study_1_women_in_the_audiovisual_industry_a_panorama_of_latin_american_countries_and_spain_pt.pdf4_case_study_1_women_av_pt.pdf. Acesso em: 27 fev. 2025.

IWG women hybrid workers sentiment survey. **IWG**, 2023. Disponível em: https://docs.google.com/document/d/1ZJ1Z3NR8F8LkGOcWUNWVYasPnIZYIa3L/edit?tab=t.0. Acesso em: 23 maio 2025.

JOÃO sem Deus: a queda de Abadiânia. Direção: Marina Person. São Paulo/Vialonga: Canal Brasil; Coral Europa, 2023. 1 série em vídeo (som, color.).

KOFMAN, Fred. **Liderança & propósito**: novo líder e o real significado do sucesso. Tradução: William Zeytounlian. Rio de Janeiro: Harper Collins, 2018.

KOSZARSKI. Richard. **Hollywood directors 1914-1940**. Oxford: Oxford University Press, 1976.

KRIVKOVICH, Alexis *et al.* Women in the workplace 2024: the 10th-anniversary report. **McKinsey & Company**, 2024. Disponível em: https://www.mckinsey.com/featured-insights/diversity-and-inclusion/women-in-the-workplace. Acesso em: 6 maio 2025.

KYRILLOS, Leny; GODOY, Cássia. **Sou mulher, sou lider**: um guia para se comunicar com sucesso. São Paulo: Contexto, 2023.

LICENÇA-MATERNIDADE e paternidade: por que as empresas estão estendendo as licenças parentais? **Great People Ecosystem**, 19 dez. 2024. Disponível em: https://www.greatpeople.com.br/post/licenca-maternidade-e-paternidade-estendidas. Acesso em: 5 ago. 2025.

LIMA, Samuel Pantoja (org.) *et al.* **Perfil do jornalista brasileiro 2021**: características sociodemográficas, políticas, de saúde e do trabalho. Florianópolis: UFSC, 2021. Disponível em: https://perfildojornalista.paginas.

ufsc.br/files/2022/06/RelatorioPesquisaPerfilJornalistas2022x2.pdf. Acesso em: 6 maio 2025.

LIZ, Mariana; OWEN, Hilary. **Women's cinema in contemporary Portugal**. New York: Bloomsbury Publishing, 2020.

MACHADO, Cecília. Mulheres perdem trabalho após terem filhos. **FGV**, 2018. Disponível em: https://repositorio.fgv.br/items/e84546b2-5957-4e99-8197-c7f7f1ace4c6. Acesso em: 27 fev. 2025.

MAPA de coletivos de mulheres e dissidências de gênero do cinema e do audiovisual. **Coletivas de Cinema**, [2023?]. Disponível em: https://coletivasdecinema.com.br/. Acesso em: 5 ago. 2025.

MATERNIDADE nas empresas e seus desafios. **MMurad**, [2022?]. Disponível em: https://mmurad.com.br/blog/maternidade-nas-empresas-e-seus-desafios/. Acesso em: 5 ago. 2025.

MENDES, Andrea Peres; GARCIA, Carla Cristina. O "labirinto de cristal": mulheres e carreira nas organizações contemporâneas. *In*: CAMILO, Juliana; FORTIM, Ivelise; AGUERRE, Pedro (orgs.) **Gestão de pessoas**: práticas de gestão da diversidade nas organizações. São Paulo: Editora Senac São Paulo, 2019.

MULHERES continuam minoria em cargos de chefia nas redações do Brasil e do mundo. **Fenaj**, 2023. Disponível em: https://fenaj.org.br/mulheres-continuam-minoria-em-cargos-de-chefia-nas-redacoes-do-brasil-e-do-mundo/. Acesso em: 23 maio 2025.

MULHERES no jornalismo brasileiro. São Paulo: Abraji, 2017. Disponível em: https://mulheresnojornalismo.org.br/12901_GN_relatorioV4.pdf. Acesso em: 30 jun. 2025.

MULHERES ocupam 38% dos cargos de liderança no Brasil e são mais bem avaliadas pelo time. **Forbes**, 2024. Disponível em: https://forbes.com.br/forbesmulher/2024/03/mulheres-ocupam-38-dos-cargos-de-lideranca-no-brasil-e-sao-mais-bem-avaliadas-pelo-time/. Acesso em: 26 fev. 2025.

MULHERES recebem 19,4% a menos que os homens, aponta 1º Relatório de Transparência Salarial. **Gov.br**, 2024. Disponível em: https://www.gov.br/trabalho-e-emprego/pt-br/noticias-e-conteudo/2024/Marco/mulheres-recebem-19-4-a-menos-que-os-homens-aponta-1o-relatorio-de-transparencia-salarial. Acesso em: 5 ago. 2025.

NALIN, Carolina. Mulheres em cargos de liderança ganham 78% do salário dos homens na mesma função. **O Globo**, 2024. Disponível em: https://oglobo.globo.com/economia/noticia/2024/03/08/mulheres-em-cargos-de-lideranca-ganham-78percent-do-salario-dos-homens-na-mesma-funcao.ghtml. Acesso em: 5 ago. 2025.

NUNES, Lia; MORAES, Marcos Ribeiro de. **Guia audiovisual volume 2**: gestão do produto audiovisual. São Paulo: APRO, 2015. Disponível em: https://bibliotecas.sebrae.com.br/chronus/ARQUIVOS_CHRONUS/bds/bds.nsf/6e736dd3bf2928ae855a0d6e4a765e5c/$File/7668.pdf. Acesso em: 5 ago. 2025.

O MYSTERIO do dominó preto. Direção: Cléo de Verberena. São Paulo: Épica Film, 1930. Filme (60 min, silencioso, p&b, 35 mm).

O QUE É MEI – Microempreendedor Individual? Quem pode ser MEI? **Gov.br**, 2022. Disponível em: https://www.gov.br/empresas-e-negocios/pt-br/empreendedor/perguntas-frequentes/o-que-e-o-microempreendedor-individualmei/o-que-e-mei. Acesso em: 19 maio 2025.

OBJETIVOS de desenvolvimento sustentável. **Nações Unidas Brasil**, [2023?]. Disponível em: https://brasil.un.org/pt-br/sdgs. Acesso em: 5 ago. 2025.

OBSERVATÓRIO BRASILEIRO DO CINEMA E DO AUDIOVISUAL (OCA). Página inicial. **Ancine**, [2025?]. Disponível em: https://www.gov.br/ancine/pt-br/oca. Acesso em: 27 fev. 2025.

OBSERVATÓRIO NACIONAL DOS DIREITOS HUMANOS. Página inicial. **ObservaDH**, [2023?]. Disponível em: https://observadh.mdh.gov.br/. Acesso em: 27 fev. 2025.

ONU MULHERES BRASIL; REDE BRASIL DO PACTO GLOBAL. **Princípios de empoderamento das mulheres**. Brasília: ONU Mulheres Brasil; Rede Brasil do Pacto Global, 2017. Disponível em: https://www.onumulheres.org.br/wp-content/uploads/2016/04/cartilha_ONU_Mulheres_Nov2017_digital.pdf. Acesso em: 27 fev. 2025.

ORGANIZAÇÃO INTERNACIONAL DO TRABALHO (OIT). Brasil. **OIT**, [2025?]. Disponível em: https://www.ilo.org/pt-pt/regions-and-countries/americas/brasil/conheca-oit. Acesso em: 27 fev. 2025.

PÉCORA, Luísa. Documentário recupera trajetória de Alice Guy-Blaché, primeira cineasta da história. **Mulher no cinema**, 28 out. 2020. Disponível em: https://mulhernocinema.com/entrevistas/documentario-recupera-trajetoria-de-alice-guy-blache-a-primeira-cineasta-da-historia/. Acesso em: 4 ago. 2025.

PENNACCHIO, Katherine. Porcentagem de mulheres e pessoas negras liderando redações na América Latina está estagnada, segundo estudos do Reuters Institute. **LatAm Journalism Review**, 2024. Disponível em: https://latamjournalismreview.org/pt-br/articles/porcentagem-de-mulheres-e-pessoas-negras-liderando-redacoes-na-america-latina-esta-estagnada-segundo-estudos-do-reuters-institute/. Acesso em: 5 ago. 2025.

PERSON. Direção: Marina Person. Petrópolis: Bretz Filmes, 2007. Filme (76 min, son., color., 35 mm).

PESQUISA IBGE – Censo 2022. **IBGE**, 2023. Disponível em: https://censo2022.ibge.gov.br/panorama/indicadores.html?localidade=BR. Acesso em: 27 fev. 2025.

PORTAL do empreendedor. Página inicial. **Gov.br**, 2020. Disponível em: https://www.gov.br/empresas-e-negocios/pt-br/empreendedor. Acesso em: 27 fev. 2025.

QUAIS ESTRATÉGIAS podem ser adotadas para promover a equidade de gênero no ambiente de trabalho? **Vorecol**, 2024b. Disponível em: https://blogs-pt.psico-smart.com/blog-quais-estrategias-podem-ser-adotadas-para-promover-a-equidade-de-genero-no-ambiente-de-trabalho-32371. Acesso em: 5 ago. 2025.

RAINHO, João Marcos. Mulheres trazem um novo olhar para o jornalismo. **Portal da Comunicação**, 2024. Disponível em: https://portaldacomunicacao.com.br/2024/03/mulheres-trazem-um-novo-olhar-para-o-jornalismo/. Acesso em: 23 maio 2025.

REPRESENTAÇÃO de mulheres na mídia levará 67 anos para ser equilibrada, diz relatório. **Mediatalks**, 2021. Disponível em: https://mediatalks.uol.com.br/2021/07/15/relatorio-global-sobre-igualdade-de-genero-mostra-apenas-umligeiro-progresso-na-visibilidade-das-mulheres-nas-noticias/. Acesso em: 26 fev. 2025.

RIBBEIRO, Leonardo. Diferença salarial entre homens e mulheres chega a 25,2% no Brasil, diz estudo. **CNN Brasil**, 2024. Disponível em: https://www.cnnbrasil.com.br/economia/macroeconomia/diferenca-salarial-entre-homens-e-mulheres-chega-a-252-no-brasil-diz-estudo/. Acesso em: 5 ago. 2025.

ROSENBERG, Marshall. **Comunicação não violenta**: técnicas para aprimorar relacionamentos pessoais e profissionais. São Paulo: Ágora, 2021.

SANDBERG, Sheryl. **Faça acontecer**: mulheres, trabalho e a vontade de liderar. Tradução: Denise Bottmann. São Paulo: Companhia das Letras, 2013.

SANTOS, João Paulo dos. Paridade de gênero pode aumentar PIB global em 20%, mas é preciso evoluir em ações concretas. **Bora Investir**, 2025. Disponível em: https://borainvestir.b3.com.br/noticias/esg/paridade-de-genero-pode-aumentar-pib-global-em-20-mas-e-preciso-evoluir-em-acoes-concretas/. Acesso em: 2 jun. 2025.

SILVA, Daniel Neves. Simone de Beauvoir. **História do Mundo**, 2024. Disponível em: https://www.historiadomundo.com.br/biografias/simone-de-beauvoir.htm. Acesso em: 5 ago. 2025.

SINEK, Simon. **Comece pelo porquê**: como grandes líderes inspiram pessoas e equipes a agir. Tradução: Paulo Geiger. Rio de Janeiro: Sextante, 2018.

TARAPANOFF, Fabíola Paes de Almeida. A travessia: além-mar. Projeto teórico-prático – criação de documentário sobre o cinema transnacional sob o olhar de cineastas brasileiras e portuguesas. Tese – Pós-Doutorado em Belas-Artes – especialidade: arte multimédia. Faculdade de Belas-Artes da Universidade de Lisboa (FBAUL). Projecto orientado pelo Prof. Doutor António de Sousa Dias. Lisboa: Faculdade de Belas-Artes da Universidade de Lisboa (FBAUL), 2024. 179 p.

UM MOVIMENTO de transformação social através do audiovisual mobile. **Causar**, [2024?]. Disponível em: https://causar.com.br/#. Acesso em: 6 maio. 2025.

VIVA o cinema! Uma história da Mostra de SP. Direção: Marina Person; Gustavo Rosa de Moura. São Paulo: Mira Filmes, 2024. Filme (102 min, son., color.).

ENTREVISTAS

Lista completa das entrevistas concedidas à autora e que compõem esta obra.

ALDIGUERI, Márcia. (São Paulo, 24 mar. 2025.)

CAMARGO, Karine. (Rio de Janeiro, 4 fev. 2025.)

CAMAZANO, Priscila. (São Paulo, 5 fev. 2025.)

CRUZ, Vânia. (São Paulo, 28 jan. 2025.)

DOURADO, Regina. (São Paulo, 27 jan. 2025.)

FERNANDES, Gabriela. (São Paulo, 7 fev. 2025.)

FIORE, Renata. (São Paulo, 27 jan. 2025.)

GIL, Vanessa. (São Paulo, 24 jan. 2025.)

IVANOV, Débora. (São Paulo, 23 jan. 2025.)

JORDÃO, Ieda. (São Paulo, 16 mar. 2025.)

KERN, Bia. (São Paulo, 19 mar. 2025.)

KETHELLEN, Any. (São Paulo, 4 fev. 2025.)

LIRA, Juliana. (São Paulo, 27 jan. 2025.)

MARQUES, Elisângela. (São Paulo, 6 fev. 2025.)

OLIVEIRA, Paula Coutinho de. (São Paulo, 28 jan. 2025.)

ONO, Camila. (São Paulo, 6 fev. 2025.)

QUINTINO, Lígia. (São Paulo, 30 jan. 2025.)

RIBEIRO, Joyce. (São Paulo, 29 jan. 2025.)

RIZZO, Valquíria. (São Paulo, 4 fev. 2025.)

RODRIGUES, INGRID. (São Paulo, 28 jan. 2025.)

RUSSO, Jéssica. (São Paulo, 4 fev. 2025.)

SAFFI, Marcele. (Porto Alegre, 5 fev. 2025.)

SUCIGAN, Fabiana Helena. (São Paulo, 27 jan. 2025.)

TARAPANOFF, Fabíola. (São Paulo, 3 fev. 2025.)

TELES, Paola. (São Paulo, 6 fev. 2025.)

XAVIER, Babi. (Rio de Janeiro, 27 jan. 2025.)

ZANONI, Dafne. (São Paulo, 6 fev. 2025.)

ZAVARIZI, Alessandra Chambo. (São Paulo, 28 jan. 2025.)